大 教 育 书 系

卡尔·威特的教育

的教育（升级版）

〔德〕卡尔·威特 著

景青 译

长江出版传媒

长江文艺出版社

图书在版编目（ＣＩＰ）数据

卡尔·威特的教育 ：升级版 / （德）卡尔·威特著 ；
景青译. -- 武汉 ：长江文艺出版社， 2021.6
　　（大教育书系）
　　ISBN 978-7-5702-1015-2

　　Ⅰ. ①卡… Ⅱ. ①卡… ②景… Ⅲ. ①儿童教育－家
庭教育 Ⅳ. ①G78

中国版本图书馆 CIP 数据核字(2019)第 092514 号

卡尔·威特的教育

KA'ERWEITE DE JIAOYU

责任编辑：陈欣然　　　　　　　　　　责任校对：毛　娟
封面设计：白砚川　　　　　　　　　　责任印制：邱　莉　杨　帆

出版： 长江出版传媒　 长江文艺出版社
地址：武汉市雄楚大街 268 号　　　　邮编：430070
发行：长江文艺出版社
http://www.cjlap.com
印刷：湖北画中画印刷有限公司

开本：720 毫米×970 毫米　　　1/16　　印张：16.75　　插页：1 页
版次：2021 年 6 月第 1 版　　　　2021 年 6 月第 1 次印刷
字数：223 千字

定价：36.00 元

用大众立场看大家作品

——"大教育书系"序言

教育是世界上最特别最奇妙最千变万化的事情。

世界上任何变化，政治的、经济的、社会的、科技的……桩桩件件，都会发生蝴蝶效应，都会对教育产生这样那样的影响。所以，教育总在变化着。比如，计算机的出现，网络教学的流行，未来的课堂教学模式将发生根本的变革。当粉笔距离我们的讲台渐行渐远，未来的纸质书籍的阅读是否也会逐步让位于电子书籍？甚至，翻译机器可以完成基本的交流沟通时，语言教学是否也可能变得不再重要？这些已经发生的、即将发生的、可能发生的改变，让我们的明天变得不可预知。

同时，教育也是最坚韧最牢固最不会变化的事情。

万物改变迅捷，人性进化缓慢，教育因此万变不离其宗。所以，古今中外，人同此心，心同此理，人的身心发展的特点，人的学习与成长的过程，有着普遍规律可循。所以，无论我们读两千多年前的《论语》《学记》，还是读近百年来的杜威、苏霍姆林斯基，总觉得是那么亲切，离我们今天的教育是那么近。所以，我们只需稍稍去芜取精，就能将其中的绝大部分原理再度运用于教育教学实践，就会发现这些原理依然生命常青。也正是这个原因，百年来中外教育家的杰出著作，仍然活在当下，仍然对我们的教育具有重要的作用。

长江文艺出版社的这套"大教育书系",正是围绕后者而努力。

最初看到"大教育书系"的选题策划,是在年初的湖北长江出版集团的选题论证会上。坦率地说,当时的感觉不是很好。认为主题不够突出,选择人物看不出逻辑,选择标准不够清晰,而且大部分书是重新出版。

后来长江文艺出版社总编尹志勇来信告诉我,其实,"大教育书系"有自己的主题和逻辑。之所以命名为"大教育",首先是选择教育家的范围之大。书系将遴选从近代到当代的中外教育名家的代表性著作或新作,梳理中外现代教育的发展轨迹,并展示近一个世纪以来的教育所取得的成果。其次是读者群体之大。书系针对不同的读者群,主要有三个方向:一是针对中小学老师的教师培训,阐述现代教育理念,解决教育实践中面临的具体问题,培养优秀教师。二是针对父母的家庭教育,用现代的教育观念和手段影响父母,使父母成为教育体系中的重要且有效的环节,最终培育青少年健康成长与全面发展。三是针对中小学生以及学前儿童的学生教育,帮助学生提高学习效率,学会交往合作,学做现代公民。一句话,是用大众立场看大家作品。

至于选择的标准,他们提出了三条原则:一是作者具有足够影响力。所选作者应该是国内外被公认的教育名家,产生过广泛而深远的影响。比如陶行知、陈鹤琴、蒙台梭利等。二是突出实践性。所选作品能够深入浅出,具有可操作性,在作品风格方面,力求通俗化、大众化,做到理论与实践的有机统一。三是强调创新性。在遴选经典的同时,也推出当代在教育理论或实践方面有一定建树、观点新锐、富有探索精神且得到公众认可的作品。

所以,虽然我在作这序之时,尚无法看到书系的全貌,也无法估计书系的最终体量,但是能够感觉到出版方用心良苦,感觉到他们的宏大愿景。大浪淘沙,那些真正能够不断被人们捧起的书籍,总是有其强大的生命力的,总能冲破时间与空间的束缚到达我们的手中,抵达我们的心中。倘若教师、父母、孩子三方真正缔结为教育的同盟军，那时教育势必突破困局，得以成长壮大，成为现实生活中的真正大教育了。祝贺大教育书系诞生，更期盼现实大教育的来临。

　　是为序。

　　　　　　　　　　　　　　　　　　　　　　　　　　　　朱永新

序：天才儿子是我教育的结果

这是一本关于儿童教育的书。诚然，儿童教育方面的书在欧洲是非常多的，尽由一些大教育家写作出来。而我——老卡尔·威特，哈勒附近一个叫洛赫的小小村庄的牧师，作为一名神职人员，充当上帝与凡人之间的信使才是我的天职——竟来写作一本教育孩子的书，何况下发的一些议论可能会与教义格格不入，这无疑是不得体的且是不合时宜的。

但是我决定将我的教育思想和实践在这里诚实地写出来，因为我对现时流行于世的教育思想不仅不表同情，而且站在与之完全相反的立场上。我以为这样才能显示我对上帝的忠诚。

为了消除对我写作此书的资格的质疑，请允许我首先向诸位介绍我的儿子——小卡尔·威特的经历。小卡尔出生于1800年7月，八九岁时他已经能够自由运用德语、法语、意大利语、拉丁语、英语和希腊语六种语言，也通晓化学、动物学、植物学和物理学，而他尤为擅长的是数学；9岁时他考入莱比锡大学；10岁进入哥廷根大学，他于1812年冬天发表了关于螺旋线的论文，受到一些学者的好评；13岁他出版了《三角术》一书；1814年4月，他由于提供的数学论文卓尔不群而被授予哲学博士学位。

小卡尔已经获取了这样非凡的成就，而我不得不说，他在今后还会获取更为非凡的成就。虽然人应该以谦逊为美德，但是我对用自己的一套方法教育出来的孩子有坚定的信心。

人们都说我儿子是天生的天才，不是我教育的结果。如果上帝真给了我一个天才的儿子，这是上帝对我的仁慈，再没有比这更幸福的了。可是，实际情况并非如此。

我和我的妻子一直盼望着得到自己的孩子，但是在这方面我们非常不幸，我们的第一个孩子出生没有几天就夭折了。这个不幸使我们想再次拥有孩子的愿望变得愈加强烈。也许这个愿望终于感动了上帝，在我 52 岁时，我们的第二个孩子出生了。我给儿子取名为卡尔·威特，以表达我的喜悦之情。可是他并不是一个称心的婴儿。儿子一生下来就四肢抽搐，呼吸急促。虽然我不愿意承认，但这孩子明显先天不足。

婴儿时期的卡尔反应相当迟钝，显得极为痴呆。我无法掩饰作为父亲的悲伤，曾经哀叹："这是遭的什么罪呀！上帝怎么给了我这样一个傻孩子呢?"我的邻居们常常劝我不要为此过分担忧，而且还在背地里为孩子的未来和我们的处境犯愁。

我对他们并无丝毫的抱怨之辞。当时就连卡尔的母亲也不赞成我再去花功夫培养儿子了，她绝望地说："这样的傻孩子教育他，他也不会有什么出息，只是白费力气罢了。"

我尽管很悲伤，可是没有绝望。上帝怎样去安排这孩子谁都无能为力，但我却要尽到做父亲的责任，尽我的能力给他最好的教育。我在给我堂弟的信中写道："我 52 岁才得到一个儿子，怎么会不爱他呢？我要用我以为正确的方法去爱他。我已制订出周密而严格的教育方案。现在儿子看起来虽然毫无出色之处，但我必将他培养成非凡的人。"

很多人都不相信我的话，甚至我的许多亲友都不相信。相信我的话的只有一个人，他就是生前在哈勒远近闻名的格拉彼茨牧师。格拉彼茨牧师自幼就是我的好朋友，是最了解我的人。

为了鼓励我将自己的教育方法传播于世，格拉彼茨牧师曾经对我说过："正如你所说的，卡尔的非凡禀赋确实不是天生的。他之所以能成为天才，完全是你教育的结果。人们只要了解了你的教育方法，他们对于卡尔能成为这样一个天才就不感到奇怪了。我坚信，卡尔今后一定会更加轰动世界的。我了解你的教育方法，所以我也深信，你的教育方法最终一定会取得最大的成功。"

另外，下面的事实将更会证实我的说法。

在孩子生下来之前，玛得布鲁特市的几个青年教育家和该市周围的几个青年牧师曾共同发起组织了一个探讨教育问题的学会。格拉彼茨牧师也是该会的会员。本来为了让更多的人了解我的教育方法，格拉彼茨牧师就尽力为我创造各种机会让我宣讲。现在经他介绍，我也成了该会会员之一了。

在一次聚会上，有一个叫希拉德的牧师提出了这样一个观点："对于孩子来说，最重要的是天赋而不是教育。教育家无论怎样拼命施教，其作用也是有限的。"

由于我向来持有与这种观点完全相反的意见，所以就立刻站起来反驳："请恕我直言，我不赞成您的这种说法。我认为，对于孩子的成长来说最重要的是教育而不是天赋。孩子最终成为天才还是庸才，不取决于天赋的大小，关键取决于他或她从生下来到五六岁的教育。诚然，孩子的天赋是有差异的，但这种差异毕竟有限。在我看来，不仅那些生下来就具备非凡禀赋的孩子，即使具备一般禀赋的孩子，只要教育得法，也能成为非凡的人。正如爱尔维修所言：'即使是普通的孩子，只要教育得法，也会成为不平凡的人。'我坚信这一论断。"

我在会上发表的这番言论，使我成了众矢之的，他们一起向我发起围攻，这真是叫我无可奈何。最后我只得说："你们有十三四个人，而我只是一个人，我寡不敌众，是辩不过你们的。所以，与其跟你们辩论，不如拿事实来说话。只要上帝赐给我一个孩子，而且你们认为他不是白痴，我就一定能把他培养成一个非凡之人。这是我由来已久的决心。"

这些会员气势很盛，纷纷回答说："行，我们等着瞧！"

讨论会结束以后，希拉德牧师仍言犹未尽，又邀请我去他家谈谈，我就与格拉彼茨牧师一起去了。在希拉德牧师家中，我们继续讨论会上争论的问题，但是仍然毫无结果，我们只是不断地重复着各自在会上已经说过的话。

在讨论会上一直沉默不语的格拉彼茨牧师现在却旗帜鲜明地表示了对我的观点的支持。

他说："我确信，威特先生的誓言一定会实现，他的教育方法一定能取得相当的成功。"

可是希拉德牧师根本不相信这一点。他断言，那是不可能的。

其后不久，我有了儿子。格拉彼茨牧师立即把这个消息通知了希拉德牧师，希拉德牧师又立即把这个消息告诉了其他会员，并让他们来验明正身，确信小卡尔刚出生时，确实不是一个天赋非凡的孩子。

于是自从卡尔出世后，他们就都注意着我的儿子。周围的人们也因此而多了一桩事，那就是议论卡尔的成长，那意思似乎是说："好，这回就看你的本事了！"当然我知道，那些议论很少有对我表同情的，大家更像在等待着一个注定失败的实验结果。

每次见到我和格拉彼茨牧师他们就试探性地问："怎么样，有希望吗？"

对此，我和格拉彼茨牧师总是坚定地回答："是的，一定会给你们一个惊喜的。"

尽管如此，他们依旧以一种怀疑的眼光注视着卡尔的成长过程。

感谢上帝，我的心血没有白费。没有多久，当初的"傻孩子"就轰动了邻里。当卡尔长到四五岁时，他在各方面的能力已大大超过了同年龄的孩子。

看到自己的辛苦付出终于快要结下硕果，也看到这场在自己儿子身上所做的"天才是天赋的还是后天培养的"试验快要产生明显的结果，我便找到一个机会，让希拉德牧师首先来看看我的儿子。

"哎呀，真是个好孩子！"希拉德牧师一见到卡尔就非常高兴，他一下子就喜欢上了卡尔。

其后，希拉德牧师也看出我的儿子不是普通的孩子了。由于他是看着卡尔如此神速地进步的，他也就逐渐开始相信我的教育学说了。

在前面拉拉杂杂说上这么多，诸位一定觉得过于啰唆。可是我的教育思想与时下流行的完全不同，在培养儿子的过程中，一直受到教育家们的怀疑，也许是因为我的教育观念冒犯了这些权威们业已成形的信条吧。

　　好在我从未动摇过自己的信念，我始终坚信，只要教育得法，大多数孩子都会成为非凡的人才。事实也证明了这一点，连我的儿子这样生下来毫不出色的孩子，在经过精心培养以后，也能获得如此成功。

　　可是人们似乎并不理解，在我的孩子成名以后，人们只是一味谴责其他教育家的无能，甚至责怪他们为什么不能把孩子教育成像卡尔那样的人。这样其实毫无益处，只会让那些教育家们对我更加敌视。

　　我写出此事的目的既是为了减少反对派对我的敌视，也是为了向人们阐明正确的天才观。我要说的观点只有一个：对于孩子来讲，倘若家庭教育不好，就是由那些最优秀的教育家进行最认真的教育，也不会有好的效果。

　　当然我将自己的教育方法公开也是为了答谢朋友们的关心。要知道，儿子的成名，使我在面对许多敌人的同时，结识了很多朋友。

　　朋友们对我的教育方法很关注，常常用谈话或通信的方式来鼓励我，他们总是在我最需要的时候慷慨地给我支持和帮助。因此我常常被他们的好意所感动，有时甚至感动得流泪。

　　应该说，我的成功大半在于他们的同情和支持。因此，我终生难以忘却他们对我的一片好心。

　　我的朋友们都希望我把我的教育方法缩写成书公之于众。而我屡屡拒绝，但是到最后还是被他们说服了，他们的好意是无法抗拒的。我就是在他们的再三劝说下，才决定公开我的书的。

　　不过，我不能断言，运用我的教育法的人就一定能像我一样获得成功。另外，也没有必要让旁人的孩子都像我儿子一样接受那样的教育。但是我相信，不管谁使用我的教育法，肯定都会取得良好的效果。

　　现在我就开始介绍儿子小卡尔·威特成长的整个过程了。一个孩子的成长过程虽然十分琐碎，但我会尽力让大家看得生动有趣，使诸位既获教益又不嫌烦闷。

目　录 | CONTENTS

第四章　教育方法·我的一些教育小妙招

第五章　辨别力·如何培养孩子的辨别能力

第六章　人际交往·教孩子与人相处的智慧

第十一章　品德教育·注重培养孩子的善行

第十二章　习惯养成·不让孩子养成不良习惯

第十三章　心理素质·培养孩子良好的心理素质

第十四章　教育理想·把儿子培养成全面发展的人

第十五章　教有所成·我的儿子是幸福的

后记　献给我的朋友们

第一章

孕前 · 愿上帝保佑，我的孩子

感谢遇到我的妻子

> 我的妻子并不是很漂亮，但我们相互爱慕。她勤劳、善良、懂礼，而且无论在什么情况下，她都理解并支持我。我只是一个清贫的牧师，物质条件并不优裕，但她从来没有在我的面前抱怨过。

　　孩子顺从上帝的意愿来到世上。世界对他们来说是新奇陌生的，而孩子对世界来说则是软弱无力的。作为上帝的子民，我当尽全部的力量让自己的孩子坚强有力，顺利成长，让他能尽情享受到生活的乐趣。要做到这点，我想应该让他具有一些美德和健康的体魄。

　　大多数父母一直到孩子两三岁时才开始注意到这个问题，其实，要更好地履行这一义务，必须从还没有为人父母时开始准备。也就是说，我们自己就要符合上帝的旨意，要健康并且具有美好的品德。

　　有传言说"近亲可以培养出最好的马和狗"，这点对人类可不适用。我身边有些例子可以说明：邻村的一个木匠汉森和他的表姐结婚，他们育有 10 个孩子，结果有 3 个夭折，而剩下的 7 个也或多或少地有着这样那样的毛病。本来汉森和他妻子自身的家族，在我们本地是人丁兴旺的，他们却没有健康的后代来延续这一切了。现在汉森已经步入老年了，他们常常为此伤心落泪，可悔之晚矣。

　　我举这个例子只是想说明近亲结婚生下的孩子如果只会让人身心俱疲，使整个家庭甚至是整个家族陷入悲伤之中，这实在是令人惋惜的事情。

对那些只根据自己的情况，或是为了某种目的而结婚的人，我是非常反感的。有的人认为，他自己的家境不好，没有权利挑挑拣拣，最好的办法就是找一个有钱人家的姑娘结婚；有人说，为了日后的发达或是得到他人的崇拜，就要娶一个出身名门的姑娘；还有人说，因为他迷恋妻子会跳舞就和她结了婚；也有人说，因为自己的妻子长相很好就和她结了婚。

所有这些，在我看来，都是不对的。我认为如果要让自己及后代幸福，最重要的是要选择一个身体健康而品性善良的女人做妻子，只要对方没有家族遗传病或是过于让人触目的缺陷，我们大可不必为了某种目的而结婚。

我的妻子并不是很漂亮，但我们相互爱慕。她勤劳、善良、懂礼，而且无论在什么情况下，她都理解并支持我。我只是一个清贫的牧师，物质条件并不优裕，但她从来没有在我的面前抱怨过。对大多数女人来说，最大的心愿可能就是希望有一个聪明健康的孩子，她当然也不例外。

我们的第一个孩子夭折了，这让我的妻子在很长一段时间里都陷入了一种难以言说的沮丧当中。直到又怀上了卡尔，她才慢慢地从那种令人不愉快的心境中摆脱出来。

在充满着期待的等待的日子里，妻子常常会问些诸如此类的问题："我们的宝宝会是什么样的呢？""他漂亮吗？""他聪明吗？"对此，我总是给予肯定的回答，"我想，他一定是个聪明又让人满意的宝宝。"

我们都满怀期待地等着那个小生命的降生，但第一个孩子夭折的阴影仍不时地掠过我们的心头。

所以，有一天，她突然问我："我们的孩子会不会……"她的话没有说完，但我知道她要表达的是什么。其实，我又何尝不是如此呢？

我们沉默了。当她看到我皱起了眉头，又满怀愧疚地说："抱歉，亲爱的。我想我不该那么想的……我们这个孩子一定会是健康的。"

我总是笑着说："对，我也这样认为。上帝是仁慈的，他不会让我们再失去第二个孩子的。"在生活中，我们就是这样相互扶持并安慰的。

感谢上帝的恩赐，因为他给了我这样的一个妻子。毫无疑问，如果没有妻子的支持和鼓励，我们不可能拥有虽不富有但幸福的生活，更不可能把小卡尔培养成一个出色的人才。

虽然在培养儿子的过程中，我们遇到过数不清的困难，而这些困难从小卡尔出生的那一天便开始了。但，我们一起走过并克服了，这种成功是与我妻子的支持息息相关的。

儿子出生后，妻子将所有的心血都倾注在小卡尔的身上，你能想象吗，一个母亲需要多么大的勇气才能面对一个智障的孩子？

所以，面对上帝的时候，我内心常常充满感激地想：如果没有他的母亲，卡尔会有今天的成就吗？

一个小过失，怀孕期与宠物相伴

> 孩子出生之前，我们一切都做得很好，唯有一点过失，让我到现在还有所遗憾。医生曾告诉过我，一些寄生在猫狗的粪便及其他动物的生肉中的弓形虫对胎儿的危害特别严重，当时我们并没有特别注意。

　　每个父母都希望自己的孩子生下来是个天才，希望他将来能有出息，我们夫妇也是如此。但是，世事难料，有些事情往往是不能尽如人意的。在儿子出生前，我和妻子常常沉浸在即将为人父母的激动中，尽管如此，我们还是禁不住怀疑："我们的孩子健康吗？"

　　为了能有一个健康的孩子，在妻子怀孕之前，我们开始注意自己的精神和体质。

　　奢华容易让人安于享乐，而不会让人保持平和纯净。因此我和妻子在衣、食、住上都注重简单素朴。要想呼吸新鲜空气，就不能总是待在屋子里，所以我和妻子时常到户外散步走动，在田野里享受大自然的安宁，这样很容易使我们的心境平和。我和妻子的性格都很好，总是能心平气和地对待身边任何琐事，很少冲动。在那段日子里，我们的生活是安宁而又和谐。我想，在这种情况下生下来的孩子一定会身心健康。

　　一般德国人都喜欢饮酒，幸运的是我并没有这种爱好。在此我真想告诉那些喜欢饮酒的父母：为了孩子的健康，必须放弃饮酒这个坏习惯。当我们夫妇决定要孩子后，我的一位医生朋友曾告诉我，如果酒后受孕，往往会影响胎儿的智力发育，使他们的智力低下或是发育缓慢，如果是妈妈饮酒，后果就更加严重了，因此，夫妻双方至少应在受孕前三个月开始戒酒。

我和妻子在怀孕之前都非常注意这一点。那段时间，我们注重运动，无论到哪里都是尽量步行，不到万不得已就不坐马车。我们都对即将到来的儿子充满信心，而妻子的性格也很开朗。我们时常到田野散步，或者去周围爬山，或是帮着她摘些野花。有一次散步时，我和妻子进行了一场极为有趣的谈话。那天的情景和对话至今仍然停留在我的记忆中。

看着田间美丽怡人的风景，我情不自禁地感叹："感谢上帝，这里真美啊！"

"当然美啊，亲爱的，你觉得它美在什么地方呢？"妻子笑着问我。

"这是上帝的杰作。"我兴致高昂地说道，"那些岩石象征着力量，它们强壮、坚固。那些花草又是那么柔美。"

"真的，它们就像是一幅美丽的画。"妻子说道。

"如果我们的孩子是个男孩，我想他一定能够发育得像岩石一样有力量。"

"如果是女孩呢？"妻子问。

"如果是女孩，我希望她长得美丽可爱，就像那些盛开的鲜花一样。"我说。

"亲爱的，仅这些恐怕还不够吧。"妻子说，"如果只这样的话，我们的孩子会成为一个优秀的人吗？"

"什么？"我很诧异，"难道这些还不够吗？"

"我想，无论是男孩还是女孩，他（她）都应该成为一个健全的人。他（她）既要有着岩石一般坚强的性格，也要有强壮的体魄或是俊美的仪表。当然，我们谁也无法控制一个孩子的外表。但我想我们孩子不至于丑陋得像撒旦吧。"妻子说道。

"对啊，亲爱的！我们的孩子绝不至于会丑得下地狱的。"我笑着说。

"哦，卡尔，他（她）应该拥有最不平凡的智慧。"妻子满怀憧憬地说道。

对，不平凡的智慧，也许这才是孩子和我们一生中最重要的。事实上，这些期望也就是我们后来培养小卡尔的准则。

　　我和妻子的感情一直很好，很少为一些小事而争吵。我想，即使为了即将出生的孩子我们也应该和睦相处。

　　孩子出生之前，我们一切都做得很好，唯有一点过失，让我到现在还有所遗憾。医生曾告诉过我，一些寄生在猫狗的粪便及其他动物的生肉中的弓形虫对胎儿的危害特别严重，当时我们并没有特别注意。为了让妻子心情愉快，除了原有的猫，我还从邻居家抱养了一只小狗，供妻子解闷。最后，我的儿子生下来不太健康，我想会不会是这个原因呢？

上帝是不会辜负我们的

亲爱的，不要想得太多了。我们第一个孩子的夭折，那是上帝的安排，我们也无能为力。我们不能总是生活在过去的回忆当中，我每天向上帝祈祷给我们一个健康的孩子，我想上帝一定不会辜负我们的。

妻子一怀孕，我们的生活就过得更加有规律了。我们安排了严格的作息时间，尽量做到早睡早起。以前我有深夜祈祷的习惯，这是我在年轻求学时养成的。因为我是一个爱思考的人，尤其是在夜深人静的时候思路会更加清晰活跃，所以我总会在人们熟睡之后，一个人静静品味着书中的滋味。这对我来说，已经是人生的一大乐趣。而妻子怀孕后，我开始改掉这种习惯，因为我知道怀孕时的女人特别需要丈夫的体贴。我在深夜读书，难免会影响到妻子的休息。对我来说，虽然失去了深夜读书和与上帝交流的乐趣，但为了妻子和将来的孩子，这一切是值得的。

意大利画家达·芬奇说过："同一个灵魂支配着两个躯体……母亲的愿望对其腹中的胎儿不断产生影响……母亲的意志、希望、恐惧以及精神上的痛苦对胎儿的重大影响，大大超过对母亲本身的影响。"作为丈夫，我尽力在每一件事上给予妻子更多的关怀、理解和体贴，因为怀孕是一件很辛苦的事。在妻子偶尔情绪不好时，我会耐心地引导她和我说话，进行感情上的交流，尽量帮助她从低落的情绪中摆脱出来。

有一天，妻子陷入了一种不安和恐惧情绪之中。那天我从外面布道回来，一般情况下，我总是先向她问好并亲吻她，可当我走进房间时，我发现妻子有些不对劲。

"亲爱的，你怎么啦？"我问妻子。

妻子只是哀伤而无助地看着我，一句话也没有说。

这让我觉得很惊讶，向来性格开朗的她，怎么会变得如此忧伤呢？她就那样呆坐在那里，双目无神，满脸的忧郁。

我赶忙过去将她轻轻搂住，问她："告诉我，我们不是一直都很幸福吗？你想对我说点什么吗？"

"卡特琳娜的儿子死了。"妻子用近乎绝望的语调说道。

卡特琳娜是我们镇上的一位妇女，她的儿子刚刚一岁，身体一直不好。这个孩子一生下来就得了一种怪病，全镇的人都知道，没想到他这么快就离开了人世。要不是那天我去了另外一个教区，我是不会让妻子知道这个消息的。对一个已经怀孕的妇女来说，这是难以接受的。

"今天，他们来找你，可是你不在。听到这个消息后，你能想象我有多么难过。我忍不住联想到我们的孩子。"妻子悲伤地说。

"哦，亲爱的，千万不要这样想。"我深深地体会妻子的心情，"卡特琳娜的孩子生下来就有病，虽然我没有想过这么快就……我想，我们的孩子一定没有问题的。"

"可是，我们第一个孩子不也夭折了吗？"说到这儿，妻子终于放声大哭起来。

一时间，我也惊慌失措了。我还是竭力地控制住了自己，尽力帮助妻子从悲伤之中挣脱出来。

"亲爱的，不要想得太多了。我们第一个孩子的夭折，那是上帝的安排，我们也无能为力。我们不能总是生活在过去的回忆当中，我每天向上帝祈祷给我们一个健康的孩子，我想上帝一定不会辜负我们的。再说，卡特琳娜在怀孕时经常和丈夫吵架，总是处在不愉快的心境当中，可能因为这些她的孩子才会不健康。为了我们的孩子，我希望你快乐起来。"

"这些我都知道，可还是忍不住悲伤。"妻子哭着说。

"来，亲爱的。你尽快忘掉这些不愉快的事，想想我们即将出生的孩子的模样，想想他一定是个很棒的小子。然后试着做一个深呼吸。"我一边说，一边做给妻子看。

妻子也跟着我做起深呼吸来。过了一会，她的心情好多了。那天晚上，我一直都用心地陪伴着我的妻子，跟她谈我的工作和我喜欢的一些书。第二天，妻子就完全从悲痛中走了出来，恢复了往常的开朗。

在关心妻子方面，我想我是个合格的丈夫。我想方设法让她保持愉快的心境，而且在她的饮食和其他方面，我也力求做得完善。

妻子很喜欢泡烫水澡，一天的劳累后，她会把它视作一种享受。但是在她怀孕期间，我坚决制止了她的这一爱好，因为过高的水温让她舒服，对胎儿却很不利。

妻子毕竟是个很年轻的女人，虽然快要做母亲了，有时也会任性。对于我这个做丈夫的男人来说，有时迁就她也是我的分内之事。

有一次，妻子趁我不在时，又开始泡烫水澡。我知道后，就开始问她。"你怎么又那样做？你是知道的，过高的水温对孩子有害。"

"哦，孩子孩子，自从有了孩子，你所做的一切好像都是为着他呢。我感觉自己都快被你忽略了。"妻子假装生气地说。

"怎么会呢？他是我们共同的孩子。泡烫水澡确实对孩子不利，等孩子出生后，我一定会还你自由的。"

"可是，这几天我没有出门，感觉身上的肌肉都变酸了，很难受。"妻子调皮地辩解，"你不是总是说，母亲如果不愉快就不会生出健康的孩子吗？我不泡烫水澡就不愉快，你说该怎么办？"

我知道妻子说的有她的道理，所以以后每天我让用人给她用热水泡脚，还自己用热毛巾给她擦洗。

那段时光真的让我难以忘怀。我没有像很多人一样在妻子怀孕后开始冷落她，相反，我们的关系在那段时期变得更加亲密了。她怀孕时，我每天带给她不同的鲜花，给她介绍一些好书。她天生一副好嗓子，在那段时期，她会经常轻声唱歌，她说，她是唱给孩子听的，他一定会听得到的。

从改造儿子的母亲开始

妻子说她一定会让孩子成为一个勇敢的人，所以她自己也要做到更加坚强。在怀孕期间，她很少哭过，除非是碰到了很伤心的事，即使是伤心她也尽量让自己恢复过来。

有人说，伟人生的孩子也一定伟大，至少会取得比较大的成就。我并不是这样想的，因为大人物往往会把过多的精力放在事业上，以至于没有更多精力去教育关心孩子，而他们的妻子也会这样。她们对成功丈夫的关注也会远远大于对孩子的关注。而母亲对孩子的成长是很重要的，我认为，历史上的伟人都有一个善于教育的母亲。

我会在后面详细讲到母亲在儿子成长过程中的作用。我想卡尔能取得如此成绩，首先要归功于他的母亲。她有着善良的品性和丰富的知识，不论是在教育还是生活方面，她都称得上是一个合格的母亲。实际上，在对卡尔的教育上，她的表现比我优秀。

妻子在怀孕期间非常注意饮食，她常常说"我的一切都会影响到我的孩子"。所以，那段时期，她很少吃辛辣的食物，像咸菜或虾之类的，她还放弃了自己最爱吃的油炸咸鱼。因为她认为如果她吃了这些，一定会伤害小宝宝的皮肤。她说这些东西虽然不是直接给宝宝吃，但被她吃的东西也一定会被宝宝吸收。

妻子说她一定会让孩子成为一个勇敢的人，所以她自己也要做到更加坚强。在怀孕期间，她很少哭过，除非是碰到了很伤心的事，即使是伤心她也尽量让自己恢复过来。我赞成她的这种做法，事实上，如果怀孕时母亲经常不开心、哭泣，会影响到婴儿的发育，而发育不良会直接导致孩子的软弱无能。

做母亲的人应该注重培养孩子的品格，让他成为爱美、爱正义、爱真理的人。很多妈妈十分关心孩子的身体健康却忽略了孩子的品德和智力，这种行为是不负责任的。我妻子的勇敢和达观对我儿子影响很大，她不但教会了他坚强，还让他热爱智慧和真理。这使卡尔长大之后，在生活中不惧艰难，并保持了一种积极的心态。

很多母亲让别人来教育自己的孩子，这样的母亲是不合格的，她无异于放弃了做母亲的责任。没有人能够取代母亲在教育孩子过程中的地位。只有人类才会把自己的孩子托付给别人教育，这实在是有违人类的天性。

有这样一对年轻的夫妇，家庭条件优裕。孩子出生后，他们将孩子委托给一个亲戚，自己却去了国外旅行。而这个亲戚因为自己太忙又把孩子托付给了管家。他们在英国待了一年，然后是德国，后来是美国和非洲。他们认为在小孩还小的时候要趁机多享受外面的世界，否则，等到孩子长大后就没有时间了，因为要教育他。

这种想法是多么愚蠢。也许他们不知道孩子的教育从他出生的那一刻就开始了。最后他们只能后悔终生。因为他们回国后，被眼前的一切惊呆了：他们的孩子将他们当作陌生人。这也难怪，毕竟这是一个从出生一直快到五岁还没有见过父母的孩子。

晚上，孩子也不愿意和他们一起睡，非得和管家在一起。尽管父母的家是舒适豪华的，而管家的卧室简陋朴素。

这对夫妇都受过良好的教育，但他们的孩子却因缺乏教养，满口粗话，整日和一些不良的孩子厮混、打架，做坏事，欺负弱小。他们试着让孩子学习，但孩子一点也不服父母的管教。因为每当他们教育孩子时，遇到的是孩子冷漠的目光。最终，发生让人痛心的一幕：一天，他们发生了激烈的争吵。

"无论如何，我们是你的亲生父母。"年轻的父母无法忍受了。看着他们的样子，孩子却跑到了管家身后躲了起来。他们将愤怒转嫁到了管家身上。

"你是怎么教育我的孩子，他竟然不认识自己的父母了！"

"先生，我想，也许，可能是你们很长时间都不在一起……我想以后会慢慢好起来的。"女管家只能小心而胆怯地为自己辩解着。

这时孩子理所当然地站在管家这边。他一边护着她，一边视父母为仇敌："不许你们这样对待玛格丽特太太。"

争执的结果是父母辞退了管家，而这个孩子自此以后也变得郁郁寡欢。在他十几岁时，终因不堪忍受而离家出走。

其实，出现这样的结果是一种必然。我并不是完全否认让别人教育自己的孩子，但要讲究方式。条件好的家庭可以雇女佣，这样母亲可有更多的时间，以便承担起对孩子的教育和责任。

我们家一直有女佣，却没有发生这种事情。因为卡尔主要由他的母亲照顾，她总是陪着他，教育他，除非是到了忙不过来时她才会让管家帮帮忙。而女佣也成为我们家的一员，是妻子的好帮手。

一个名人曾说过，一个民族的命运掌握在女人手中，我很赞同，只可惜，很少有人能真正懂得其中的含义。很多母亲因为自身的不合格无意中把孩子教坏了，这真是人生的遗憾。

第二章

后天教育・天赋与环境

孩子的天赋与后天教育

"卡尔·威特牧师，您说孩子的才能在于后天培养，否定天赋。现在这种情形您该如何面对呢？您的儿子天赋明显不足，您有把握能让他成为优秀的人吗？"每当面对诸如此类的问题，我都会毫不犹豫地回答："我有把握，我一定能使卡尔成为优秀的人才。"

经历了期望与担忧交织的等待后，我们的儿子终于出生了。这对于已经52岁的我来说，真是一种无法言说的欢悦。

我给儿子取了一个具有纪念意义的名字——卡尔·威特，以此来表达我的喜悦与感激。用我本人的名字，表明了我一定要将他培养成优秀人才的决心。

然而，上帝似乎跟我们开了一个小小的玩笑：我们的儿子卡尔并不是一个让人满意的婴儿，他显得有些痴呆，并没有我和妻子当初想象的那样聪明。

面对这样一个婴儿，我的压力非常大，我满心忧虑地问自己："他能够成才吗？"

对于妻子来说，这起初的事实更是她不愿接受的，她简直无法相信，在失去一个孩子之后，命运给她的仍然是一个让她失望的孩子。在儿子出生的头几天里，我和妻子都陷入莫大的忧伤与失落当中。但是这种失落忧伤并没有持续多久，因为我们一直坚信教育才是决定孩子能否成才的关键。

从悲伤中走出来之后，我和妻子便全力以赴地投入到对儿子的教育上。

知道小卡尔并不是一个完全令人满意的婴儿之后，一些关心我们的人便纷纷劝告我，有的人劝我不必太伤心，也有的人借此对我的教育观点提出反对意见。

有人说："卡尔·威特牧师，您说孩子的才能在于后天培养，否定天赋。现在这种情形您该如何面对呢？您的儿子天赋明显不足，您有把握能让他成为优秀的人吗？"

每当面对诸如此类的问题，我都会毫不犹豫地回答："我有把握，我一定能使卡尔成为优秀的人才。"

对卡尔将来会成为怎样的人，当时我并没有什么把握。但作为一个父亲，我有决心将我的教育观念，以及我的爱心完全运用到卡尔身上。我深信我的努力不会白费的。

爱尔维修曾经说过："人刚生下来时都一样，仅仅由于环境，特别是小时所处的环境不同，有的人可能成为天才或杰出人才，有的人则成了平庸的人甚至是蠢材。即使是普通的孩子，只要教育得法，也会成为不平凡的人。"

在儿子出生之前，我对此深信不疑并对别人宣讲这一理念。当然爱尔维修的言论也有其片面性，他在强调环境对孩子成长起决定作用时，忽视了他们在天赋上存在的差异。对这一点我有充分的认识，我决不像爱尔维修那样不承认孩子的禀赋有所不同，有人攻击我不承认孩子天赋异禀，这是对我的误解。

何谓天才？在教育学领域一直存在着两种对立的观点。我举出两个例子就能使这两种观点的差异一目了然。

哲学家卢梭在他的教育学著作《爱弥儿》一书中有一个比喻：这里有两只狗，它们由同一个母亲所生，并在同一个地点接受同一母亲的教育，其结果却完全不一样。其中一只狗聪明伶俐，另一只狗愚蠢痴呆。这种差异的形成完全取决于它们天性的不同。

与之相对的是著名教育家裴斯特洛齐的一个寓言：

有两匹长得一模一样的小马。一匹交由一位庄稼人去喂养，那个庄稼人非常贪婪，在这匹小马还没有发育健全时就用它来赚钱，最后，这匹小马变成了毫无价值的驮马。与之迥异的是，另一匹小马托付给了一个聪明人，在他的精心喂养下，这匹小马最后竟成了日行千里的良马。

以上两则小故事代表了有关天才与成才的两种截然相反的观念。前者强调的是天赋，认为天赋的大小决定了人的命运，环境只是处在次要的地位。后者则认为环境决定一切，天赋无关紧要。

长期以来，对孩子的成长问题，很多人更倾向于卢梭派的学说，支持裴斯特洛齐派学说的人则少得多。爱尔维修无疑是裴斯特洛齐派的先驱。我虽然比较倾向于这一派，但并不是完全站在这一边的，我还有我自己的看法。

我的看法是：孩子的天赋当然是千差万别的，有的孩子天赋多一些，有的孩子少一些。假设我们最幸运地生下一个禀赋为 100 的孩子，那么天生白痴其禀赋大约只能在 10 以下，而一般孩子的禀赋大约是在 50。

如果所有孩子接受的教育都一样，那么他们的命运的确应该取决于其禀赋的多少。如今孩子们接受的教育大都是不完整的，所以他们的禀赋连一半也没发挥出来。比如说禀赋为 80 的，可能只发挥出了 40；禀赋为 60 的，可能只发挥出了 30。

所以，如果我们能努力教育，让孩子禀赋能发挥到八到九成，即使生下来禀赋只有 50 的普通孩子，也会优于生下来禀赋为 80 的孩子。当然，如果对生下来就具备 80 禀赋的孩子施以同样的教育，那么前者肯定是赶不上后者的。不过我们不要悲观，因为生下来就具备高超禀赋的孩子并不是很多的，大多数孩子，其禀赋在 50 左右。何况如果我们按照前面所说的方法进行生育，孩子的禀赋不会差到哪里，甚至还有很大的可能得到禀赋很高的孩子。

不要过度逼迫

▶ 任何的强迫和急功近利的做法只能带来一种结果，那就是毁了孩子。

依据上述的理论，如果对生下来就具备高超禀赋的孩子施以良好的教育，那他的发展将会不可估量。遗憾的是人们对天才的教育往往是失败的。父母总是只注重孩子的天赋，而忽视了对他的全面培养，对他们过分挑剔，要求太高，最终导致了孩子的逆反、压抑与怨恨。因父母施加的压力过大而半途而废的天才不在少数。

卡尔出生之后的第三天，格拉彼茨牧师来到了我家。当他发现小卡尔并不是一个机灵的孩子之后，他有些担心。

"威特先生。您知道，我一直相信并支持您的教育观点和说法。可现在，我真为您担心。"他说。

"你担心的是什么呢？格拉彼茨牧师。"虽然，我已经猜到了他的担心，但我仍然想让他自己说出来。

"请原谅，我知道这样说会让你觉得难受，但在事实面前，我不能装作什么也没看出来。"格拉彼茨牧师说道。

"哦，格拉彼茨牧师，请您直言吧。"

"我看出来了，小卡尔好像并不那么聪明。这令人非常遗憾，但我想，我们都应该面对这个事实。"格拉彼茨牧师说道。

"是的，小卡尔的确不太聪明，但这并不是决定一切的关键因素。"我回答。

"当然，先天不算太聪明，但并不代表他永远也不会聪明。只是，这样一来，您必须付出加倍的努力。"格拉彼茨牧师鼓励说。

我默默地点了点头，算是对他看法的赞同。

"我不妨给你出一个主意"，格拉彼茨牧师继续说道，"既然孩子先天不太聪明，现在只有把所有的希望寄托在对他的后天培养教育上。我的意思是从现在起，您和您的妻子，包括您的儿子都要准备作出某种很大牺牲。"

"牺牲？"我不解地看着他，等待他作出进一步的解释。

"既然孩子先天不太聪明，那么你就应该用后天的教育来改变他。让他受到比其他孩子更严格的训练，甚至是残酷的训练。这样虽然会让他无法享受一般孩子拥有的那种美好童年，但对他的将来一定会有好处。至于您和您的妻子，更应该为此作出牺牲，比如牺牲小家庭夫妻的温情等等。"格拉彼茨牧师认真地说。

"天哪！格拉彼茨牧师，你怎么会这样想？"听完格拉彼茨牧师的话，我立即反驳了他，"这种牺牲有什么意义？难道还有什么比幸福的生活本身更重要的事吗？"

"难道孩子的前程不重要吗？"格拉彼茨牧师问道。

"的确孩子的前途很重要，可你的这种观点根本不可能让孩子健康成长。相反，它只会使孩子既没有享受到童年的幸福，也不会学到他所必需的一切知识。因为任何的强迫和急功近利的做法只能带来一种结果，那就是毁了孩子。"我肯定地说。

许多成名的人在成年后都说过，他们年幼时曾受到父母的极度强迫，结果留下终生的创伤。英国哲学家约翰·斯图尔特·穆勒的父亲在他少儿时期就无情地逼迫他，不允许他有假日，也不给他丝毫的自由，让他天天刻苦学习，事无巨细都对他严加管束，不允许他有"随意的"爱好。结果穆勒在青年时期就精神抑郁，终生都带有心理障碍。他曾在自己的自传里，痛心疾首地回忆了受父亲压制的情景。

比如他们开始讨论时，父亲往往采用轻松愉快的口吻，一旦出现错误，他的这种口吻便会戛然而止。继而这位和蔼可亲的慈父就好像一下子变成了一个血腥的复仇者。

卡尔·冯·路德维希也是一个著名而悲惨的例子。卡尔是一个天赋极高的孩子，因为他父亲过度地催逼，以及过于强烈地让他成名的心理，导致了他的半途而废。他父亲亲自教儿子高等数学，强迫他醒着的每一分钟都得学习。他反对一切与学业无关的兴趣，体育、游戏、对大自然的探索对他来说无足轻重。卡尔8岁时父亲就让他上大学水平的数学课程，9岁时他就在学习微积分并尝试写剧本了。他不断跳级，仅用三年时间就修完大学课程，11岁大学毕业。他主修数学，大学的教授们预言卡尔会成为一名世界级数学家。然而，开始的辉煌瞬间转为暗淡。卡尔上研究生院一年后，对数学完全失去了兴趣，随后转入法律学院，很快他对法律也失去了兴趣。最后他从事的是办事员工作，因为那样既不用思考，也不用担责任。

这两个事实说明，正确的教育方法是极其重要的。如果实施了错误的教育法，不要说禀赋一般的孩子，即便拥有高超禀赋的孩子也会被扼杀掉。

"幼儿是成人之母"

人如同瓷器，小时候就形成了他一生的雏形。幼儿时期就好比制造瓷器的黏土，什么样的教育就会造就什么样的雏形。

格拉彼茨牧师劝我用严厉甚至牺牲幸福生活的方式来逼迫孩子成长，这是一种极端的做法。另外一种极端就是对孩子的发展放任自流，甚至放弃做任何事情的努力。

我认为培养孩子需要有足够的耐心和足够的智慧，后者很重要。对于我这个不幸的父亲来说更是如此，因为我面对的是一个天赋并不高甚至还低于正常人的孩子。

我妻子的母亲，一个善良的天主教女人曾这样劝我："威特，既然小卡尔天生不那么聪明，你就不用为此而烦心了，让他自然发展吧。千万不要因为曾在别人面前夸口而有顾虑。其实那些都不重要，只要你们幸福就足够了。"

我知道也感激她的好意，在那种情况下，她能够如此理解我并给我以同情和安慰。然而，对于小卡尔的教育，我并没有别人想象的那么悲观。尽管小卡尔的智力不那么令人满意，对他的将来，我始终充满信心。

因为我相信婴幼儿时期的教育足以弥补那些所谓的天赋不足，我坚信合理的教育能够改变一切。

我曾对朋友说过，有史以来的伟人和天才，他们大都有着这样或那样的缺点，如果他们能受到更加高明的教育，他们一定会更伟大、更健康、更和善、更宽大、更出色、更聪明、更正直、更谦虚和更坚强。一言以蔽之，他们会成为更加完美的伟人和天才。

一个人的品质很大程度上是取决于幼年时期所受的教育。所以说国民的道德如何，取决于这个国家的人民对其子女的教育如何。在世界各地，人们崇尚不同的伦理，信奉不同的主张。但是，不管是东方人的天命和宿命论，还是希腊人的知识主义、艺术主义、自由主义，罗马人的保守主义、黩武主义，犹太人的宗教主义、热情主义，这些都与他们在幼年时期所受教育是密不可分的。

柏拉图曾经在他的《理想国》中对他心目中的理想国家有过全面的描绘。在他所勾勒的那个理想国中，"子女教育是社会的基础"，这是一个明智的见解。因为人如同瓷器，小时候就形成了他一生的雏形。幼儿时期就好比制造瓷器的黏土，什么样的教育就会造就什么样的雏形。威廉就曾经教导我们："幼儿是成人之母。"的确，我们谁也无法否认，成人的基础是在小时候形成的。所以，对孩子的教育必须尽早开始，越早开始，取得的效果就越显著。我想，只要能够尽早地教育小卡尔，我看他一定能够战胜所有的困难，并最终获得教育的成功。

我的教育理想就在于使儿童的潜能能完全开发，这就是我与人们有冲突的地方了。我的教育理论的核心是：对儿童的教育必须于儿童的智力形成的那一刻开始。而时下流行的主导思想是：儿童的教育应当从七八岁开始。人们对这种论调深信不疑。除此之外，还有一种让许多父母感到十分恐惧的观念：早期教育有损于儿童的健康。

对此，我常常感到伤心而又软弱无力。由于它们的盛行，我的教育理论，在世人的眼里简直是荒唐至极，更谈不上期望父母们会运用我的理论将一个"凡夫俗子"训练成"天才"了。

即便小卡尔经过教育后当时就已表现出许多优于一般儿童的方面，但很多人仍然觉得，他的才能是天生的，而非教育的结果。对此，我实在是无可奈何。

卡尔出生时是怎样一个婴儿，我在前面已经说过一些。现在我还想向诸位描述一下他出生时的某些细节。我想，只有这样才能使大家清楚地知道，我的这个儿子是不是什么所谓的天才。

可以肯定地说当时任何人看见了我的小卡尔，都不会说他是个天才，反而会不假思索地认为他是个白痴。

儿子出生时的情形让我伤心极了，但这又有什么办法呢，他毕竟是我的儿子。卡尔比预计的时间早了一个月出生，他还未得到母亲子宫足够的孕育便突然来到了这个世界。出生时，这个小倒霉蛋被脐带缠住了脖子，差点窒息而死。在医生的抢救下，小卡尔奇迹般地活了下来。但在他表现出能够存活的迹象之后仍然四肢抽搐，呼吸困难。

当时，医生说了一句令人难受但又很真实的话："即使这个孩子能够存活下来，也是先天明显不足，他的大脑看起来发育不健全。虽然他今天活了下来，恐怕将来的生活对于他来说比今天更加可怕。"

事实上，正如医生所说的一样，那段日子我和妻子并没有看到卡尔有美好将来的丝毫迹象。他不但没有显示出什么天赋，相反却表现得十分迟钝。他不能像其他婴儿那样主动地寻找母亲的乳头，只能靠母亲把奶挤出来一点一点地喂他。

面对儿子的这种情形，我既伤心又着急，但我没有因此想过放弃。为了儿子在成长中不至于落在同龄人后面，我决定按计划进行早期教育的试验。我想，既然这孩子天生的禀赋不太好，那么就一定要尽力使孩子的禀赋充分地发挥出来。要做到这一点，对儿子的教育必须从儿子智力形成时就开始。

那么，为什么早期教育能够造就天才呢？这要从儿童的潜在的能力谈起。根据生物学、生理学、心理学等学科的研究，人生来就具备一种特殊的能力。不过，这种能力是潜藏在人体内，表面上并看不出来，这就是我们所说的潜能。比如，一棵橡树，如果在理想状态下生长，可以长成 30 米高，那么我们就说这棵树具有能够长到 30 米高的可能性。同样的道理，一个儿童，如果按照理想状态成长，能够长成一个具有水平 100 能力的人，那么我们就说这个儿童具备水平 100 的潜力。

这种潜在能力就是天才。因此，天才并不是我们平常所认为的那种只有少数人才具有的禀赋，而是潜藏在每个人内心的。

　　然而，要达到理想状态，并不是很容易。所以即使橡树具备长成 30 米高的可能性，要真长成 30 米高还是很困难，一般只能是 12 米或者是 15 米左右。如果环境不好，只能长到 6 到 9 米。如果给它施肥，好好照顾，就可以长到 18 米或者 21 米，甚至是 24 米或 27 米。同理，即使是生来具备水平 100 能力的儿童，如果放任自流，充其量他也只能变为具备水平 20 或者 30 的成人。也就是说，他只能达到其潜在能力的二成或者三成。如果教育得好，则可能达到水平 60 或者 70，甚至是 80 或者 90。也就是说他可能实现其潜在能力的六成或者七成，甚至八九成。

　　理想的教育是让儿童的潜在能力达到十成。只要充分发挥出这种潜在能力，他们就能做出不平凡的事业。遗憾的是，由于教育不得法，人们的这种潜在能力大都没有得到应有的发挥，这就是天才极少的原因所在。如何造就更多的天才呢？最重要的就是及早挖掘、诱导孩子自由地发挥出这种潜在的能力——天才。

从儿子出生那天就开始教育

从生下来起到 3 岁之前，是最重要的时期。这一时期，孩子的大脑接受事物的方法和以后是完全不同的。

那么，怎样才能尽可能地发挥孩子的潜在能力呢？当然是尽早教育。但是这个"尽早"又早到什么时候呢？我的经验是，教育必须从出生那天起就开始。听到这，教育家们可能马上就会站出来反对了，因为他们认为，过早对幼儿进行教育是有害的。

虽然很多人反对我尽早开始教育孩子的观点，我还是这样去做了。

或许有人会问："卡尔先生，您真的从孩子出生起就开始培养他了吗？您难道真的对一个智力低下的孩子有如此大的信心吗？"

对于这类问题，我的答案是肯定的："是的，我的儿子卡尔，他从一出生起就开始接受教育了。而且，我从来没有对他失去过信心。"

记得儿子卡尔刚出生的那几天，我们全家都陷入一种苦恼和忧伤当中。而且就连一直支持我的妻子也开始动摇并怀疑我了。

有一次，妻子悄悄地对我说："告诉我，为什么上帝会这样安排？为什么他偏偏要给我们一个智力不高的儿子？他这样公正吗？"

我说："亲爱的，请相信我，上帝永远是公正的。记得我说过的话吗？世界上大多数人都没有将自己的潜能完全发挥出来，我要尽可能通过我的教育开发他的潜能。"

妻子说："我知道，可是对我们的小卡尔，你能够改变这个无法回避的事实吗？"

我说："对这个不幸的事实，我的确无力改变，但我能将他现有的潜能发挥到极致。尽管卡尔现在没有别的孩子聪明，但总有一天他会超过其他的孩子。因为即使是天生聪明的孩子，在出生时有更好的优势，如果得不到正确的培养就不可能充分发挥其潜能，那么他最终也不可能成才。我们的小卡尔虽然现在的起点很低，但如果我们的教育合理，让他的潜力充分发挥出来，他最终会超过其他的孩子，超过所有人，成为德国最优秀的人才。"

对我的妻子，对其他所有关心小卡尔的人，我的观念是一样的，而且从来没有动摇过。

我为什么能够如此自信呢？因为我得知后天教育有多么大的力量。

事实上，从生下来起到 3 岁之前，是最重要的时期。这一时期，孩子的大脑接受事物的方法和以后是完全不同的。刚出生的婴儿没有分辨人的面孔的能力，到三四个月，或五六个月，就能分辨出母亲和别人的面孔了，知道"认生"了。但他这时并不是对面孔的特征进行了这样那样的分析之后才记住的，而是在反复的观察中，把母亲整个面孔印象原封不动地作为一个"模式"印进了大脑之中。婴儿的这种模式识别的能力，远远超过我们的想象。对 3 岁以前的婴儿教育，就是"模式教育"。婴儿对多次重复的事物不会厌烦，所以 3 岁以前也是"硬灌"时期。婴儿依靠动物的直感，具有在一瞬间掌握整体的模式识别能力，是成人远远所不能及的。他的大脑还处在一个白纸状态，无法像成人那样进行分析判断，因此，可以说他具有一种不需要理解或领会的吸收能力。如果不把你认为正确的模式，经常地、生动地反复灌入幼儿尚未具备自主分辨好坏能力的大脑中的话，他也会毫无区别在大量吸收坏的东西，从而形成人的素质。

俗话说："三岁看到老。"孩子到 3 岁时，就已形成了长大之后一些基本性格的元素。如果我们仔细地分析所有的人，都毫无例外地能从他们身上看到他们 3 岁以前的环境以及这种环境对他性格形成及元素的影响。所以，模式时期决定了人的一生。

给 3 岁以前的模式时期"灌输"些什么呢？我想大致是两方面的内容：一是反复灌输语言、音乐、文字和图形等所谓奠定智力的大脑活动基础的模式；另一方面则是输入基本的人生准则和态度。

总的来说，生下一个健壮的孩子，这只是父母亲走出的第一步，以后的路更长，事情繁杂，责任也更大。因为，从孩子出生那天起，父母就必须担起教育者的职责。

第三章

早期开发·把握住孩子
智力发展的最佳时期

孩子饮食要合理

> 不同的胃，会造就不同的人。它决定了这个人是变成乐天派还是厌世者。

　　为了尽早让孩子的潜能得以发挥，怎样进行教育呢？很简单，如果婴儿已感到了你的关爱，这就意味着你已经在教育他了。这种教育训练是细琐的。孩子渴了要给他水喝，饿了要给他奶吃，尿布湿了要马上更换……父母要随时随地消除孩子的不适感，敏锐地去感知孩子的需要。成功地感知并领会孩子的需要，是成功做父母的开始。这是父母和孩子建立起来的第一条成功的纽带，是今后的教育和训练的良好感情基础。

　　从儿子四个月开始，在吃母乳前，我们先给他点蜜柑汁，后来又添加香蕉泥、苹果泥、胡萝卜泥、青菜粥等等。等他稍大一点了，又开始给他喂汤，吃煮熟的鸡蛋、马铃薯等。谷类食物是大多数孩子喜欢吃的最好食物，卡尔却不爱吃。我认为孩子爱吃的食物就是最好的食物，所以只给他吃他喜欢的食物。但是在他两周岁之前，我们不让他吃肉。

　　德国有句谚语说"人的性格取决于食物"。食物同人的性格的确有关系。曾经有人主张"菜食疗法"，他们认为让孩子吃不同的食物，就能使孩子形成不同的性格。比如：多给孩子吃胡萝卜，就会让他的牙齿和皮肤美丽；吃马铃薯能提高孩子的逻辑思维；吃菜豆能增加孩子的美术兴趣；而洋白菜和花菜则会让孩子思想简单，成为平凡的人；吃青菜容易性格轻率。如此一来，可以让厌恶数学的孩子多吃马铃薯，让缺乏美术兴趣的孩子多吃菜豆，缺少恒心的孩子少食豌豆，脾气暴躁的孩子少吃洋白菜。

儿子出生后半个月，我们坚持定时给他喂奶，喂水，让他的生物钟开始时就比较有规律。即使到他能吃饭后，两顿饭之间仍然只能喝水而不能吃别的零食，以免他的胃总是得不到休息，血液也会因此总是集中在胃部而不是大脑。如果让孩子的精力只用于消化，他的大脑就无法得到很好的发展。另外，吃得过多除了阻碍孩子脑部发育，还有害于孩子的健康，容易让他们患上各种胃肠疾病。

一般人认为教育孩子就是教他们读书、识字、学习知识。诚然，这些是教育中必不可少的一部分，但仅仅如此还不够。我想，孩子从一个小婴儿到渐渐长大成人，这个漫长过程中的点点滴滴都离不开教育。让人遗憾的是，很多父母甚至是一些教育专家也没有意识到这一点。

以孩子吃东西为例，一般人总是认为吃得越多越好，越有益于健康。事实并非如此。吃得过多，不但会阻碍大脑的发展，还会使孩子大脑以为吃就能解决一切问题。要知道对婴儿来说，最令他难受的除了生病之外就是饥饿。如果婴儿一饿就给他大量的食物，让他吃得太饱，就会使他以为吃东西、填饱肚子是排除难受感的唯一途径。长大之后，他就会形成过分依赖于物质的习惯。

当然，在这里，我不是想让父母限制孩子所需的食物，而是想提醒那些疼爱孩子的父母：一切都要有合理的限度，吃东西也是如此。

有一天，我看见妻子正给小卡尔喂牛奶，就走了过去。

"亲爱的，刚才好像喂过了吧？"我问道。

"是的，我看他在哭，就想让他再喝点儿牛奶。"妻子说道。

"不，卡尔刚才就吃饱了，"我拿回妻子手中的奶瓶，"他没有再吃其他东西的必要，至少他现在还不需要。"

由于突然失去了美味，小卡尔"哇哇"大哭起来。妻子有些不高兴了，对我的行为有些不理解。

这时，卡尔的外祖母走了过来。

"上帝呀！你怎么能这样对待这个可怜的孩子。"外祖母喋喋不休地抱怨起来，"婴儿都是要喝牛奶的，为什么不让他喝。这孩子生下来就那么不幸，怎么还要这样对他？哦，我可怜的孩子！"

"我不是不让他喝牛奶，只是觉得他现在还没有这个需要。"我解释道。

"你总说要把卡尔培养成才，可是不让他吃饭，他怎么能成才呢？你总是大谈教育，我看都是没有用的东西。"外祖母生气地说。

对于外祖母的不理解，我当时无话可说，面对这样一个善良的祖母，我又怎么能和她争执呢？

事后，我跟妻子讲明了道理，告诉她疼爱孩子并不是要一味地呵护他，顺从他，对他的培养和教育，我们要理智地对待。

妻子识大局也明理，自此后，她便不再像以前那样过分地顺从孩子。

也许有人觉得我的做法很过分，但无论怎样，我认为自己的做法是正确的。因为培养优秀的孩子正是要从生活中这些细枝末节做起，任何一点看起来微不足道的东西我们都不应该忽略。

曾经有人说过："不同的胃，会造就不同的人。它决定了这个人是变成乐天派还是厌世者。"我想，这句话表明，吃东西不仅会影响到人的生理，还会影响到很多其他的方面。

让儿子意识到：乞求不可能得到欢乐

> 要想赢得别人重视，依靠啼哭和哀求是办不到的。相反，在得不到别人重视的时候自己应该为自己寻找到快乐。

小孩子有时候会莫名其妙地大哭。而大人们总认为小孩子一哭肯定是他肚子饿了或生病了等等。其实，真实的情况并非如此。

和成人一样，小孩子也有得到别人重视的欲望，即便是一个刚出生不久的婴儿，也会有这种近乎成人天性的本能欲望。

诚然，能够得到他人的尊重或重视是我们每个人都期望的。但是，在我们的生活中又有多少人真正做到了这一点呢？

有的人通过自己的天赋得到了别人的重视，有的人则是通过自己的努力。无论是哪种情形，都是值得我们尊重的。但也有许多人由于急切地想得到别人的重视而采取乞求施舍的态度，这种做法不但得不到别人的尊重，反而会引起他人的反感，是一种愚蠢的行为。

有一天，摇篮中的小卡尔莫名其妙地大哭起来。

正当妻子要去卡尔的房间看他的时候，我制止了她："卡尔刚才吃东西了吗？"

"吃了呀！刚才喂过的。"妻子回答道。

"那么，他这几天身体有什么不适吗？"我问。

"没有呀！"妻子回答。

"如果是这种情况，最好不要理他。"我说。

"为什么？卡尔在哭呢！"妻子奇怪地看着我。

"我想，既然他不饿也没有生病的迹象，他想哭那就是他自己的事，我们不必理会他。"我说。

"哭是小孩子的天性！我去安慰安慰他就没事了。"妻子说。

"你知道小孩子既没有饿也没有生病，为什么还要哭吗？"我问。

"哦，小孩子都是这样的！"妻子说，"可能是他需要我了吧。"

"当然，他肯定是想你了。"我向妻子解释，"但我想根本的原因是，他想让我们知道他的存在，想引起我们的重视吧。"

在我的劝说下，妻子终于没有像往常那样一听见孩子哭就急忙跑过去看他。果然，没过多久，小卡尔见哭也没用，就停止了啼哭。

过了一会儿，当我和妻子偷偷去看他的时候，他正躺在摇篮中一个人玩得高兴着呢。

我这样做的目的就是想让小卡尔感觉到：要想赢得别人重视，依靠啼哭和哀求是办不到的。相反，在得不到别人重视的时候自己应该为自己寻找到快乐。

虽然还是婴儿的卡尔不可能明白这样的道理，但我想，在他成长的过程中，他一定能够明白这点的。

开发潜能，从训练孩子的五官开始

> 充分刺激孩子的感觉器官，能够促使大脑的各部分积极活动。如果能通过刺激感官让他的大脑积极活动，孩子就会变得更加聪明伶俐。

如果不利用与开发孩子婴儿时期的潜力，这些能力就永远也不会得到发展。因此，我决定从训练他的五官（耳、目、口、鼻、皮肤）、刺激大脑发育开始。因为听觉、视觉、味觉、嗅觉、触觉，是人类感知外部世界的生理基础。充分刺激孩子的感觉器官，能够促使大脑的各部分积极活动。如果能通过刺激感官让他的大脑积极活动，孩子就会变得更加聪明伶俐。

听力是五官中首先要开发的，因为婴儿的听力比视力发展得要早。母亲的悦耳歌声对训练听力是极其重要有效的。幸运的是，我的妻子拥有很不错的嗓音。从他还没出生起，就经常听到母亲唱的美妙动听的民间歌曲。我虽然不会唱歌，还是经常给他朗诵诗歌。

儿子出生6周后，我就对他轻轻地朗读威吉尔的诗《艾丽绮斯》，效果非常好。每当我朗读这部诗时，儿子便能马上静下来并很快入睡。随着诗的语调的变化，儿子的反应也有变化。当朗读马克利的《荷拉秋斯在桥上》时，他就兴奋起来，朗读坦尼森的《他的梦想》时，他又安静下来。通过这种教育方式，儿子满一周岁时就能背诵《艾丽绮斯》第一卷的前十行和《他的逝世》了。

我要强调的是，我并没有强制性地让儿子硬背诗，而是顺其自然。以

《他的逝世》为例，由于儿子非常喜欢，他每天晚上都像做祈祷似的背诵它，因而很快就能熟练记住了。

为了让儿子对音乐有感觉，我给他买来能发出乐谱上七个音的小钟，分别拴上红、橙、黄色钟等。每当儿子在喂奶前醒来，我就敲这些钟给他听，并把钟慢慢地左右移动，吸引他的注意力。儿子还不到 6 个月时，就能按我说的名称——青色钟、紫色钟等准确地敲了。我以为，这是让他形成声音和颜色的一个有效方法。

有效地训练眼睛，也是开发孩子智力的重要一步。儿子出生两三个星期时，我为他准备一些五颜六色、鲜艳夺目的布制小猫、小狗、小鹿，并把它们都摆放在儿子四周，时常移动玩具来刺激他的视觉。我还经常让儿子看用三棱镜映在墙壁上的彩虹。儿子非常喜欢看，当他哭时，只要看见彩虹就不哭了。

为了训练他的嗅觉，我们给儿子各种味道的刺激，但考虑到糖和盐吃多了对身体没好处，我们始终坚持吃清淡的食物。这样既可以保持他的感觉灵敏度，又可以避免养成多吃糖和盐的坏习惯。

满月之后，儿子能够在床上抬起头来了，我就用手推着他的脚丫，教他爬行。父母一定要让孩子尽早学会爬，因为俯卧对婴儿是有利的。婴儿爬行时，其颈部肌肉发育快，头抬得高就可以自由地看周围的东西，增加了接受外界刺激的机会，这样促进了孩子的大脑发育，使孩子变得聪明。

孩子的视觉发达起来之后，就要培养孩子的观察能力。有两个方法，一是通过丰富多彩的色彩来培养孩子的观察能力。我在儿子房间的四周挂上了各种名画的摹本以及大量的著名雕刻的仿制品。在儿子小时候，我就抱着儿子识别屋中的桌子、椅子等各种物品，并把这些物品的名称念给他听。开始儿子只注意到画的颜色，渐渐地他也懂得了画中的含义。

画对孩子的智力发育有很大的作用，能在善于绘画的父母的培养下成长的孩子是非常幸福的。我懂得一点绘画，就准备了许多美丽的花草和鸟兽的画给儿子看，还有美丽的图画图书，并读给他听。他总是能安静地听着，这表明虽然儿子什么都不懂，但已对我的声音和画的颜色开始产生了兴趣。而且我经常将我和儿子谈话的内容画成画，以此来启发他的智力。

我买来了各种有着美丽颜色的小球和木片，以培养儿子对色彩的感觉。还经常让他与各种穿着鲜艳服装的布娃娃做游戏。之所以这样做，是因为孩子从小若不开始发展色彩感觉，以后对色彩的感觉将会非常迟钝。

蜡笔也是孩子的好玩具。我经常利用它同儿子进行"颜色竞赛"游戏。我预备好一张大纸，从某点开始，我先用红色蜡笔画一条三厘米长的线，然后，儿子也用红色蜡笔画一条同样长度的平行线。接着，我在我画的红色线后用青色的蜡笔画一条同样长的青色线，他也在他画的红色线后边画一条青色的线。这样连续画下去，如果儿子使用的蜡笔与我所用的颜色不一样，这个游戏就结束了，儿子就输了。

卡尔刚学会走路，我就经常带他去散步。在散步时让他注意天空的颜色、树木的颜色、花朵的颜色、原野的颜色、建筑物的颜色和人们服装的颜色等等，这都是为了发展他的色彩感觉。

此外我还注意培养他专心致志的习惯，以让他学会敏锐地观察事物。我和儿子是玩一种叫"留神看"的游戏来做到这一点。每当路过商店的门前时，我就问儿子这个商店的橱窗内陈列着哪些物品，然后让他回忆这些商品。当然儿子能说出的商品越多越好，如果儿子记住的物品没有他应该能记住的多，我就会批评他。

这个游戏还能有效地训练儿子的记忆力。由于我们长期坚持这样做，在儿子只有两岁时，一天我带他到卖雕刻仿制品的商店去，他就对店员说："你这里怎么没有《维纽斯·得·未罗》和《维纽斯·得·麦得衣齐》？"如此小的孩子竟然知道这两幅名画，这让店员大吃一惊。

因为婴儿的注意力不容易集中，我就用生动的物品教会儿子各种形容词。在儿子出生后的第6周，我给他买了些红色气球，并用短绳将气球系在他的手腕上，气球便随着他手的上下摆动而摆动。以后，我每周给他换一个不同颜色的气球。通过这个游戏，我轻易地教会了他红的、绿的、圆的、轻的等形容词，而且儿子似乎也十分喜欢这种游戏方式。

在体会到这种方法的好处之后，我还让儿子手拿贴有砂纸的木片或其他的物品，教给他粗糙、光滑等形容词。当然，这种教育方式有时也会有些意想不到的不好的效果，比如婴儿往往爱把手上的物品往嘴里送。所以，父母要多加留心，孩子就不会养成这种习惯了。

让孩子的手充分发挥它的功能，对于培养孩子的观察能力是很有效的。婴儿认识自己的手也要花费较长的时间，为了让孩子尽早发现自己的手，就要让他的手有事可做。

每次当儿子醒来，张开小手的那一刻，我和妻子就赶紧让他抓点东西。平时我们也经常活动儿子的手指，经常让儿子抚摸东西或拍手掌。

另外，我还诱导儿子观察我的手，让儿子了解许多手的不同。比如我拿着小摇铃摇动，儿子就会甩动胳膊发出响声。他八九个月时我给他一支蜡笔和一张纸，我也拿着一支蜡笔和一张纸。我在纸上画画，儿子也在纸上乱画。其实他什么也画不出来，但是他通过观察已经开始运用他的手了。

需要强调的是，我训练儿子时，决不强迫他去做什么。孩子还是幼小的生命，我们只能慢慢地让他发挥自己的潜能。我不想让他的潜力白白地浪费，便努力进行各种有效的引导。在这种教育方式下，儿子总是有事可以做，他决不会像其他孩子一样，因为无事可做去啃他的手指头。也不会因为无所事事而情绪低落或是哭泣。与此相反，儿子一开始就沿着健康的方向在成长着。

从儿子 15 天起我就开始向他灌输词汇

只要儿子醒着，我们要么和他说话，要么轻声地给他唱歌。当他的目光停留在床上吊着的彩色纸花上时，我就不断地重复着："红纸花、黄纸花……"在我做事的时候，我也会用亲切的语调跟他说话，告诉他我正在干什么。

根据儿童潜能的递减法则，一个人在成长过程中，其智力发展有一个高峰时期。这个时期非常关键，它对人一生的智力发展都起着决定性作用，千万不要错过。而儿童早期智力开发的关键就是要抓住这个最佳时期。3 岁以前，是幼儿语言发展的最佳时期，尽早教孩子语言这一点非常重要。因为语言既是进行思维的工具，也是接受知识的工具，没有这个工具我们就得不到任何知识，我们人类之所以优于其他动物而取得今天的进步，就是因为我们会语言，这是其他动物所不具备的能力。因此，如果孩子不及早掌握语言，就不能很好地发挥其能力。孩子若在 6 岁以前就能掌握准确的语言，那么这个孩子的发展一定会很快，而且其速度是其他孩子无论如何也赶不上的。

许多父母对孩子身体发育很注重，想尽了各种办法，当我提出要发展孩子的头脑时，他们却感到惊异，觉得这是荒谬的。其实做父母的只要稍加留意就会发现，婴儿从小时起就对人的声音和物品的响声非常敏感。这表明，早期开始教孩子语言是切实可行的。那么早到什么时候呢？我主张从孩子 15 天起就开始灌输词汇，在孩子刚学会辨别事物时就教他说话。

儿子 15 天大时，我们在他的眼前伸出手指头，儿子看到后就要抓住它。

开始时因为看不准，他总是抓不到。最后终于捉到了，儿子非常高兴，把手指放到嘴里吃起来，这时我就用缓和而又清晰的语调反复发出"手指、手指"的声音给他听。

就这样，在儿子刚刚有了辨别能力时，我们就拿很多东西给他看，同时用缓和清晰的语调不断重复物品的名称。不久，儿子就能清楚地发出这些东西名称的音来了。

只要儿子醒着，我们要么和他说话，要么轻声地给他唱歌。当他的目光停留在床上吊着的彩色纸花上时，我就不断地重复着："红纸花、黄纸花……"在我做事的时候，我也会用亲切的语调跟他说话，告诉他我正在干什么。

对于如何教儿子语言，我有以下一些行之有效的方法：

一、发纯正的语音

做过父母的人也许都会有这样的体验：听到孩子开口说第一句话时，一定会感到无比的兴奋和喜悦。但据我所知，许多父母在激动之后并没有对这个事实认真地思考一下。要知道孩子能开口说话，这表明孩子真正的学习已经开始。此时，给孩子什么样的信息就是最重要的事了。

刚开始学说话时孩子的发音不一定准确，所以这阶段的头等大事就是教孩子学会纯正的发音。否则，孩子养成不准确或含糊不清的发音习惯之后就很难再纠正了。

在生活当中有许多成年人说话时词汇或发音就不准确，这都是因为他们在婴幼儿时期没有得到正确培养的结果。

从儿子发出第一个"f""a"开始，我就不厌其烦地教他"fa－fa－fa""ma－ma－ma"等等。当儿子发出一个声音，比如"ka－ka－ka"，我立即回应，跟着他"ka－ka－ka"。而当我教儿子发"ma－ma－ma"时，如果儿子回应了，尽管不很清晰，我还是充分鼓励他。使用这个方法的前提是我们必须听清孩子的发音。比如孩子发"mo－mo－mo"，你却听成了"ma"并加以鼓励，长此以往，孩子就会出现发音上的混乱。

要做到这点还要注意选择时机，我总是在儿子睡醒后一小时与他进行这种游戏。因为这时候他情绪最好，效果也更好。同时发音时要跟孩子充分交流，我和他母亲发音时，都让孩子看着我们的脸，当然最好是能够看到嘴的动作。

二、从身边的实物开始

事实上，教小孩子说话是一件很困难的事，如果想教他标准的发音以及快速记住大量词汇，就更是如此。

我曾听许多父母这样说："别人都说孩子是自己学会说话的，可我怎么觉得没有这么容易呢！""我的孩子怎么教也学不会，学会了也是含糊不清的东西。"看来，这的确是让每一位父母头疼的事。然而，什么事都有它自身的规律，只要方法得当，问题就会容易解决。

我认为，"从身边的实物开始"是教孩子学习说话和掌握词汇的最好方法。儿子稍大一点以后，我和他母亲就抱着他教他饭桌上的餐具和食物、身体的各个部位、衣服的各个部分、室内的器具和物品、房子的各处，院子里的花草树木及其各部分等所有能引起儿子注意的实物名称。我们看到什么就教什么，还教他动词和形容词等，这样他的词汇渐渐丰富起来。

每天晚饭后我们几乎都要带儿子出去散步。从家里到村口的教堂，在路上我看到什么讲什么，我们让儿子留意：高高的树，矮矮的草丛，飞翔的鸟儿，粗粗的木栅栏，路灯，楼房，马车，各种花草，各种人，还有忙碌的小蚂蚁……因为这些，儿子对外面世界充满好奇，一出门就指这儿看那儿，呀呀不休，说话也有了很大的进步。

三、用讲故事的方式加强他对世界的感觉能力

当儿子稍微能听懂大人的话时，我和妻子就天天给他讲故事。在我们看来，对于幼儿，没有比对他讲故事更为重要的了。孩子对这个世界是全新的，

而且一无所知，所以应该尽早就让他知道这个世界，越早越好。而培养这方面的能力最好的方法就是讲故事。而且它还可以锻炼儿子的记忆力、启发想象、扩展知识。呆板去教或让他记住，孩子很难记住。用讲故事的形式，儿子就喜欢听，记得也快。所以，教育孩子运用讲故事的方法是最有效的。

除了给儿子讲故事，我还选择一些好书，清晰而又缓慢地读给孩子听。我觉得最好是给孩子读《圣经》。《圣经》是举世无双的为人所公认的经典，像这样的名著实在罕见，所以把它读给孩子听是最明智的选择。由父母清晰地读给孩子听，这是教育学好语言的最佳方法。此外，也有助于培养孩子的优秀品质。

当然讲故事时不能只让孩子被动地听，还要让他复述。如果不让孩子重复，就不能完全达到讲故事的效果。在儿子还不会说话时，妻子就给他讲希腊、罗马、北欧各国的神话和传说。当他学会说话后，他们母子两人就开始表演这些神话。有时我们还用戏剧的形式给儿子讲《圣经》的故事。

这种持之以恒的坚持教育最终有了成果，儿子到五六岁时就能毫不费力地记住三万多个词汇，这对于一个 15 岁左右的孩子来说也是一个惊人的数字。

四、努力丰富词汇

我还反对教给孩子不完整的话和方言。有些父母教孩子"咂咂"（乳房）、"丫丫"（脚）、"汪汪"（狗）之类的词汇。我对这种做法觉得非常遗憾和气愤，因为这对孩子语言的发展有害无益。诚然，孩子学不完整的话和方言会更容易一些，因此许多父母也就认为孩子的语言从这些半截子话学起并无大碍，但是我经过试验发现，孩子在两岁左右时，如能缓慢、清晰地教他说正式的语言，一般来说孩子都可以发出音来。

如果儿子本来可以学会的东西，我故意不教给他，这在教育上就是极其愚蠢的了。正如雷马克所说的那样，一个东西如果不使用，就难以评价它的作用，同样，如果不教给孩子他们本来能够学会的东西，那么，他们的那种潜在能力也就得不到发展。世界上再也没有比这更愚蠢的事了。

事实上，对幼儿来说，单会说"汪"或"丫"等词汇虽然相对要容易一些，但这也同样会给他们造成负担。对孩子的语言学习来说，完整规范的语言是他们迟早要学的语言。而那些含糊的语言是他们不久就要抛弃的语言。让孩子学两套语言，就会给孩子带来双重负担，世上确实再没有比这更不讨好的事了。孩子本来可以用那些白白浪费掉的精力去学习一些其他知识的，但他们在这种错误的教育下，只得付出如此宝贵的光阴了。因此，做父母的，绝不应当教给孩子一些不完整的话，以免浪费时间。

也许有人说，教孩子说这种话非常有趣，但你们是否想过让孩子付出如此高昂的代价是否值得？教给孩子不规范的语言的害处还不止于此。社会上有许多孩子，甚至到了十四五岁（甚至已长大成人），有的话还发音不清楚，这就是父母教育不当的结果。在今天的学校里，教员为纠正学生的这些发音毛病所付的消极劳动，往往比他们用于积极劳动所花的时间还要多，这实在可悲。不用请教心理学家，就连任何一个普通人都知道，教师用在纠正学生已经养成的毛病上所花的时间比起教他们新的知识所花的时间还要多。

但是，社会上竟有这样的父母，他们以孩子发出的错音、说出的错话为乐。他们不仅不去帮助孩子纠正，反而将错就错，随声附和，这是大错特错的。因为这样将使孩子永远无法发觉自己的毛病，以致习惯成自然，难以纠正。

能正确运用语言意味着能正确地思考。如果让孩子从小就使用似是而非的语言，那么孩子的大脑就难以训练好。

我从儿子出生时起，就尽可能地对他说准确而漂亮的德语。在向他灌输语言时，我认为俗语也很重要。因为有的意思，不用俗语就不能表达得很完美。我们的思想在发展着，新观念也在不断地产生着，表现这些新观念的俗语也必然增加，所以排斥俗语就会落后于时代。

然而，我绝对不教给儿子不完整的话。这种完整的语言教育从一开始就起到了很明显的效果。儿子还不到一岁时，有位朋友对他说："卡尔，我想看看你的汪汪。"我纠正道："这不是汪汪，是狗。"这位朋友对此大为惊讶。

五、用清晰的词汇去填充他的小头脑

孩子一开始就要学会规范的语言。我教儿子时，总是教他标准的德语，反复清晰地发音。每当他的发音准确，我就会摸着他的脑袋夸奖他。当他发音不准时，我说："你看，你儿子还不会说……"每当此时，妻子也会配合我。儿子受到激励后，开始更加努力学习标准发音。在我们夫妇的共同努力下，我儿子从小就学会了标准的发音。我觉得明晰的词汇是头脑清晰的前提，因此，我们没有让儿子总是停留在孩子式的表达方式上，而是慢慢地教他运用复杂的词汇，而且还要做到生动准确，绝不模棱两可。要做到这点，需要家长的配合，如果两人一个要求严格，一个放纵，是无法做到这一点的。我和妻子配合很和谐，在日常生活中，我们尽量以身作则，使用准确的词语，发音也是如此。

方言和俗语发音不准而且语法不规范，这种语言会阻碍孩子学习标准的语言，而要克服这点却要花费很大的精力和时间。有些人一旦过了最佳语言学习时期，一辈子也克服不了。我们家有个很忠心的仆人，他年龄大了，说话也是多用土话。小卡尔出生后，我们曾多次要求他标准说话，但他不可能一下子改好，所以他最后说的话是不伦不类，情形反而更加糟糕。此时正是卡尔学习的关键时期，为了卡尔的学习，我们不得已辞退了他，尽管我们很尊重并信任他。每次想到这里，我心里很难过，但看到卡尔的语言学得这么好，我又得到了安慰。语法在语言学习中并不是最重要的，尤其是对孩子来说。所以在卡尔八岁前，我们从没刻意去教他语法，而只是通过听和说去教他语言。

孩子无不爱说话。他们从小喜欢反复说学过的词。我注意到了这点，于是把儿子能理解的词组成一个精彩的故事，让他背。他不仅记得很快，而且还喜欢复述。然后，我们再把这些译成外语，他同样能记得很快。一到五岁是孩子学习语言的最佳时期，做父母的一定要把握住。

六、尽早培养孩子的记忆力、想象力和创造力

上面我所做的一切都是为了尽早培养儿子的记忆力、想象力和创造力。这几方面关系到他以后的成功。当然，我们不能用死板机械的方式，而是要用生动有趣的方式才会有效果。

记忆力。一位科学家曾说，一切智慧来源于记忆力。根据记忆力越开发越发达的原则，早期教育可以大大提前记忆力发展的时间。特别是婴儿时期，每天教孩子相当的词，可以扩大他的词汇量，训练他的记忆力。

我把神话和《圣经》的一些内容编写在纸板上，这样就能让儿子牢记它们。后来教他各国历史时，我也用了同样的方法。我的方法是这样的，就是开始用形象生动的讲故事的方法，然后再把它们编成纸牌，用游戏的方式教他。闲暇时间，我们还一起读一些有意思的书，然后一起回顾书的要点。

韵文比散文容易记忆，所以在儿子小的时候，我们尽量用韵文的方式记种种东西。记得儿子八岁时，我用骸骨教他生理学。等我外出时，儿子用韵文的形式写下了他记住的骨、筋、内脏的名称，让我非常吃惊。

教他历史事件时，我大多是在他读过之后，再用戏剧的方式表演出来，这样要记住它们就比较容易了。学校里的历史课，完全是照本宣科，形式呆板且毫无趣味，很多学生既不喜欢也记不住，这是情理之中的事。

培养儿子的创造力，我总鼓励他多动手、多思考、多提问。不论他提出什么样的问题，我都尽量耐心解答。

儿子一岁多时，如果他对某种东西或玩具能集中精神玩，而不是玩了一会儿就立刻扔掉，我们就会鼓励他，并和他一起，用多种方式启发他尽兴。如果他玩的方法出乎常规，我们就会激励他想更多的方法来玩。

他两岁时，妻子每天都给他讲故事，就跟上课一样。对这点，妻子有一套特殊的办法，能够吸引他不断听下去，就像报纸上连载小说一样，妻子每天讲到"且听下回分解"的关键地方就打住。这样就让儿子有兴趣根据自己的想象去创造下面的故事情节。对此儿子总是颇费苦心，对各种情节的可能

性作出很多设想。第二天开始讲故事前，妻子就让儿子先讲他是怎么想的，然后再开始接着讲，如果儿子猜中了，我们就替他欢呼，如果没有猜中，妻子就会夸奖他说："宝贝，你编的故事比故事本身写得还好呢。"就这样，在潜移默化当中，儿子的创造力得到了极大的培养。

离开想象，我们人生就没有什么幸福了。所以想象力很重要，正如贝鲁泰斯所说："想象是人生的血肉，没有它，人生就是一堆毫无生机的躯壳。"一个缺乏想象力的人无论做什么事，都会拘泥于现实，在他们看来，圣诞老人和精灵都是没有意义的虚幻的东西。如果让这种人来教孩子，教出来的孩子也是一样的。他们会觉得历史传说和儿歌不但不能陶冶孩子的性情，反而有害无益。事实上，孩子开始懂得爱护鸟兽，具备初步的道德常识，从小树立远大理想，都受益于儿歌和传说。离开了想象，我们的生活就会变得索然无味，对孩子来说就更是如此了。对他们来说，赶走圣诞老人和仙女就像丢掉他们的玩具或撵走他们的伙伴一样残酷。

如果一个人小时候想象力没能得到发展，他就不可能成为诗人、艺术家、雕刻家、画家，也成不了建筑家、科学家、数学家、法学家。很多人认为当数学家或是科学家用不着想象，这是错误的，对于任何人，想象力都是必要的。

因此，凡是幼年时期想象力得到充分发展的人，当他遇到不幸时他也能感到幸福，当他陷入贫困时他也能保持乐观。有这样一句话：世界最不幸的人是没有想象力的人。

有的人觉得神话是没有任何价值的，对它很排斥，而我却很喜欢它们。据我观察，同样在眺望星空时，懂得神话和不懂得神话的孩子感受是完全不一样的。

一个缺乏社会生活历练的人，是分不清善与恶的，而我认为，教会他们这一点最好的方法就是给他们讲传说和儿歌。在我们家，我就经常给儿子讲传说和儿歌，让他知道大自然是精灵居住的可爱世界。因此，他从小对大自然就有深深的爱。而且从这些传说和儿歌中他还学会其他一些优秀的品质，比如正直、亲切、勇敢、自制等等。

讲儿歌和传说还有助于培养儿子的想象力。有时我还鼓励他自己编故事，并将这些故事写成文章。我和儿子每人都交了一个想象的朋友，一个是内里，一个是鲁西。当我们俩单独在一起时，我们就请出我们的这两个朋友，这样就像四个人在一起玩一样。所以我的儿子很少有无聊或苦恼的时候。可笑的是，有一次我家的保姆告诉我："先生，你的儿子好奇怪，他像是在和幽灵玩。"

有些父母不知道孩子们有自己想象的世界，当他们看到孩子用木片或纸盒建造城市、宫殿的时候，往往不和孩子打招呼就把它们破坏了。这样做对孩子的精神世界是一种严重的损害。因为他不仅剥夺了孩子的幸福和在游戏中得到的欢乐，还阻碍了孩子将来成为诗人、学者、发明家。殊不知，很多父母无意中因为自己的轻率举动而毁掉了多少天才！

第四章

教育方法・我的一些教育小妙招

如何教儿子学外语

一般学校规定，学习外国语首先要先学拉丁语，我觉得这样做过于勉强，只有从与德语最相近的法语开始学起才是合乎逻辑的，所以就采取先易后难的顺序。

我并不满足于对儿子的语言、识字教育的成功，因为教育给孩子多种语言，有利于孩子正确地理解词义和进行思考。我便决心让儿子尽可能早地打下学会一门主要外语的基础。学习外语要先易后难，所以我决定让儿子在掌握德国语读法的基础上，学习相近的外国语。

自从他能够用德语自由阅读，我就开始教他学习法语，而那时他只有 6 岁。由于方法得当，我只花了一年的时间，就教会了卡尔用法语自由阅读各种法文书籍。我想，他之所以学得这么快，首先还是因为他熟练地掌握了德语知识。

学完法语后，卡尔又马上开始学意大利语，只用了 6 个月的时间就学会了。这时我便开始教他相对比较困难的拉丁语了。

一般学校规定，学习外国语首先要先学拉丁语，我觉得这样做过于勉强，只有从与德语最相近的法语开始学起才是合乎逻辑的，所以就采取先易后难的顺序。拉丁语是最让学生头疼的语言，就是对十几岁的孩子来说也是相当难的。所以，我要先让他打好基础，做好各方面的充分准备，才开始教他学习。为了提高儿子的兴趣，在教拉丁语之前，我先把威吉尔的《艾丽绮斯》

的故事情节、深奥的思想、漂亮的文体等讲给他听。我对儿子讲,要想成为一个卓越的学者,就一定要学好拉丁语。就这样,我激发起儿子的好胜心来。

卡尔7岁时,我常常带他去参加莱比锡音乐会。有一次在中间休息时,儿子看着印有歌剧歌词的小册子对我说:"爸爸,这既不是法语也不是意大利语,这是拉丁语。"我趁机启发他:"对,那么你猜猜看,它是什么意思。"儿子从法语和意大利语进行类推,居然弄明白了它的大意。他高兴地说:"爸爸,如果拉丁语这么容易,我们就早点开始吧。"

此时我觉得条件已经成熟,便开始教他拉丁语,卡尔只用了九个月的时间就学会了它。

然后卡尔开始学英语,接着是希腊语,学英语用了3个月,后者用了6个月。

儿子学希腊语比较有意思,整个过程基本上就是阅读巨著。他先背诵常见的单词。我为他做了希腊单词和德译卡片,他首先从这些卡片中学会了常见的单词。掌握了一些单词后,他开始转入译读。最初,他读的是《伊索寓言》,接着又读了色诺芬著的《从军记》。和教其他几种语言一样,我并没有系统地讲授语法,而是随时教他一些必要的东西。

当我工作的时候,我让儿子坐在自己桌子的旁边学习。当时德国只有希腊拉丁辞典,没有希德辞典。所以,儿子在学希腊语时,不得不一个词一个词地问我。对儿子的提问,我从不发脾气,总是一面耐心地教,一面从事自己的工作,虽然我的工作很忙。

用这种方法一直学下来,卡尔又读了希罗多德的历史学巨著、色诺芬著的《宝典》《苏格拉底言行录》、提奥奇尼斯和莱尔丘斯著的《哲学家列传》,以及洛西昂的著作等。他七岁时,读了柏拉图的《对话集》。只是他告诉我说《对话集》的内容没有看懂。

学完所有这些语言时卡尔刚8岁,他已经能够读荷马、波鲁塔柯、威吉尔、西塞罗、奥夏、芬隆、弗罗里昂、裴塔斯塔济、席勒等德国、法国、意大利、希腊、罗马等各国文学家的作品了。

一般人都畏惧学习外国语,同时学会六国语言,这对他们来说也许需要花上一辈子的精力才能完成。卡尔小小年纪，用这么短的时间就做到了，这里面有什么秘诀吗？并没有什么秘诀，只是我在教授儿子外国语的过程中总结出了一些经验。

一、用"耳朵"学外语

以拉丁语为例。拉丁语是学生们的一项重要基本功，研究学习都离不开它。而且一旦学会了拉丁语，学会法语、西班牙语、意大利语就容易得多。但学生们差不多都很讨厌拉丁语。我认为，之所以出现这种情况是由于他们没有打下学习拉丁语的基础。正是因为这样，我认为有必要尽早开始给儿子打好学习拉丁语的基础。因此，在儿子的摇篮时期，我就开始为他学习拉丁语打基础。

诸位一定认为我的说法前后矛盾，同时也奇怪我如何能够教导一个躺在摇篮里，除了吃和睡什么也不懂的婴儿。其实很简单，我的做法就是让他听。因为婴儿善于用耳而不善于用眼睛，我就利用听的办法来教儿子拉丁语。每当儿子睡醒以后情绪比较好的时候，我就用清晰而缓慢的语调对他朗诵威吉尔的《艾丽绮斯》。因为它不仅是一部出色的叙事诗，也是一首极好的摇篮曲，儿子非常喜欢听，总是听着听着就入睡了。因为有这样好的基础，儿子学起拉丁语来就会觉得很轻松，很快他就能背诵《艾丽绮斯》。

学校里用图表和规则教拉丁语，正是这种枯燥的方法，让学生们都讨厌学习这门语言。这种机械的方法是应该受到批评的。有一次，卡尔同某位教拉丁语的教师交谈，结果那位教师一点都听不懂，而卡尔当时仅仅 8 岁而已。学校教拉丁语会有一种弊病：就是学过拉丁语的人只能看却不能讲。

二、与其背不如练

我从不系统地教授语法，因为即使系统地给他们讲语法，他们也很难接受。我承认，对大人来说以语法为纲来学习外语是有效的，但是对孩子则必须采用"与其背不如练"的方法。因为任何一个孩子，不都是用这样的方法学会了母语吗？

通俗易懂的诗是最易于记忆的，所以教语言时我总是先教些诗歌，以便让儿子熟悉这种语言的感觉。掌握了一些基本的东西后，我要求儿子把它们运用到日常生活中来。而且一般情况下，教哪种语言，平时我就用这种语言跟他交谈。若是遇上儿子不会表达的地方，当他用母语跟我说话，我就不理会他，这样他自己就不得不想出其他的表达方式来。同时我还要求他看所学语言的书籍，要学好一种语言的最好办法就是看懂该种语言的书，因为任何语言最精华的部分都在书里。遇上不懂的单词时，我就让他自己去查辞典，后来他查辞典的次数也越来越少，这就表明他已经掌握那种语言了。

我还鼓励儿子与外国孩子通信，起初是和一些外国朋友的孩子，后来范围渐渐扩大。到学习希腊语时，他开始给一个希腊孩子写信，不久，希腊那边来了回信，儿子高兴极了。从此，他对希腊很感兴趣，便读了许多有关希腊的书。接着他又和意大利、英国的孩子通信了。他对这些国家也很感兴趣，还兴致高昂地开始研究他们的地理和风俗习惯。就在这种来来往往的通信过程中，儿子的外国语有了长足的进步。

三、用不同的语言读同一个故事

一般人读过一遍小说以后，就不想再看它了，而我的儿子却很乐意反复多次地听同一个故事。我抓住他的这个特点，在教外国语时，让儿子用各种不同的语言去读同一个故事。比如在读安徒生童话时，既让他用德语读，又让他用法语、意大利语、拉丁语、英语和希腊语读。事实证明这个方法非常有效，儿子将各种语言融会贯通，学习起来又快又轻松。

四、弄清词源

要学好外语，弄清词源是很有帮助的。我让儿子从小就这样做，并做了好几本笔记。比如为了记住某一个拉丁语单词，我总让儿子去调查由此产生出了哪些现代词，并把结果记在笔记本上。这样，他既学会了那个拉丁语单词，又记住了由此派生的现代词，对语言发展变化的规律则也有直观的认识，可谓一举多得。

五、各种游戏是最有效的办法

我要在这里再次提醒父母们，孩子学习语言的能力是惊人的，关键在于是否运用了最有效的教育方法。我认为这种方法就是在学习中与孩子做各种游戏。

儿子刚学会说英语时，我就把"您早"这句话用十三国语言教他，儿子很快就学会了。而且学习方法也很有趣，每天早起，我让儿子对着代表十三个国家的十三个玩具娃娃，用各国的语言说"您早"。孩子都爱玩、好动，我就用他的这个特点做各种游戏，比如讲故事、说歌谣、猜谜语、比赛组词造句、编动作说谚语、编故事等等。如此生动地学习，卡尔还会学不好吗？

六、抓住儿子模仿我用笔时教他写字

在用写有字母的小木板和做游戏的方式教会儿子拼音后，我又开始教他拼写。孩子什么都要模仿大人，所以当儿子也模仿我用笔时，我便抓住这个机会教他写字。

只有三岁多一点时卡尔就第一次表现出想学写字的愿望。

有一天，我正在书房里写一份关于教区工作的报告，突然感觉到一向属于我个人的私有空间里多了另一个人的呼吸。

我转过身一看，原来是卡尔。

当时我感到很奇怪，平时活蹦乱跳的卡尔今天怎么悄无声息地跑到书房里来了呢？只见他正背对着我，趴在一张小凳子上专心地摆弄着什么。

我轻轻从椅子上站起来，蹑手蹑脚地走到了他的身后。原来，他手里拿着一根小木棍在一张废纸上"写字"！这一发现让我既吃惊又兴奋。

见此情景，我便问他："卡尔，你想学写字吗？"

"是的！"卡尔回答道。

"哦，为什么不告诉爸爸呢？我会教你的。"我说道。

说着，我便给了卡尔一支木炭笔，并开始教他写自己的名字。

开始时，卡尔有些笨手笨脚，根本无法正确握笔，也不能写好笔画。在我一次又一次地仔细讲解和鼓励后，他终于能够歪歪斜斜地写出自己的名字了。

当他自认为写得不错的时候，他便立刻拿着几张写有他名字的纸去找他的母亲。母亲看后非常吃惊。

虽然他写得并不好，妻子还是大大地赞扬他："真了不起，我们的卡尔会写字了。"听到母亲的赞扬，卡尔学习写字的劲头就更大了，他开始加倍努力地练习起来。

那几天，卡尔学习写字的兴致很高，每天嚷着要我教他更多的字，还要求我给他钢笔。他这样要求的理由其实很简单：因为我用的就是钢笔。

为了维持儿子的这种热情，我给了他钢笔。大家都知道，用钢笔要比用铅笔困难得多。儿子想模仿我，想尽快学会写字，我就尽量满足他。而这样一来，我就有了麻烦了，因为他经常将墨水弄得满手、满脸都是，有时甚至还把墨水瓶打翻了。

哪怕是遇到这种情况，我仍然没有让他停下来。

几天后，在卡尔和我的共同努力下，他不但正确掌握了铅笔的用法，还写出了笔法漂亮的字。

有一次，我们全家出外旅行住旅馆，我让卡尔自己在登记簿上签名。他的签名笔迹漂亮极了，让旅馆老板大为惊讶。

儿子刚学会简单的句子，我就让他天天写日记。所以，从 4 岁开始卡尔就能记日记了。每当天气不好他无法去室外玩时，他就拿出日记，回想以往或小时候的各种情景，从中找到乐趣。

写到这里，请允许我说几句题外语。其实抚育孩子时，父母自己更应当记日记，用这种方式可以很好地记载孩子的进步和发育情况。同时，这也是我们留给子孙后代的重要遗产，以便他们在养育下一代时，能够从中获益。

比如，教给了孩子一个什么新词，孩子开始使用了一个什么新词，孩子对什么感兴趣，有什么不好的表现，因为什么责备了孩子，又因为什么表扬了孩子，孩子表现出了什么智慧，教给了孩子哪些知识等等，诸如此类的内容我们都应该记下来。有了记录，就知道哪些话教过了，哪些还没教过，孩子已经懂得了什么，还不知道什么等等。这样，教育起来会更加有针对性，用这个办法还能培养孩子的好习惯，更利于将预定的计划——兑现。如果不记录，就如同航海者没有航海日志一样，预定的计划都要落后。初看起来，这种做法是很麻烦的，但实际上并没有那么麻烦，相反我们会从中体会到一种乐趣。人们每天欣赏牵牛花的生长都感到兴致勃勃，何况留意自己的孩子的成长呢？只要试着去做，就一定会有兴趣的。凭借对孩子一天天的成长的记录，我们能更好地体会到这种亲情的和谐与温暖。

记日记的另一个好处是：可以使父母保持热心并一直坚持下去。现在社会上并没有人去监督父母们培养孩子，即使该做的不做，计划好的事不实行，任意变更计划，也决不会有人来制约。父母们有绝对的自由，正因为此，往往更容易忽略自己的职责。一本育儿日记能够随时对父母发出忠告，提醒他们要以满腔热忱和坚忍不拔的精神，老老实实地努力按照预期计划实施对孩子的教育。

如何让儿子兴趣广泛

> 我在讲故事的时候，总是绘声绘色，运用夸张的表情、形象生动的语言、各种丰富的手势，甚至有时候站起来模仿故事人物以此来不断推动情节发展。儿子听得入了神，常常禁不住跟着我手舞足蹈。但我总是讲到最有趣的地方就打住，并告诉儿子这个故事在哪本书中，鼓励他在阅读中寻找乐趣。

看到我这么努力地对儿子进行教育和训练，大家一定以为卡尔的生活是单调乏味的。事实上他的生活丰富多彩，因为我一直注意引导他在多方面获得乐趣。

在卡尔掌握了一定的词汇量后，我便开始引导他养成读书的习惯，并让他自己体会到读书是一件充满乐趣的事情。对书的选择我是很在意的，因为我一方面要尽量考虑卡尔的阅读能力，另一方面要为他选择一些对他有益的书。我认为一个人第一次读的是什么书往往决定他以后会喜欢什么样的书，因此，幼年时期读的书往往能左右一个人的一生。所以，对此我非常重视。

在引导儿子读书上，我采用了一些小伎俩。孩子们最喜欢听人讲故事，年龄越小的孩子越是如此。我觉得讲故事有着重要的意义，它不仅能丰富孩子的知识，而且能够成为引导孩子看更多书的桥梁。我在讲故事的时候，总是绘声绘色，运用夸张的表情、形象生动的语言、各种丰富的手势，甚至有时候站起来模仿故事人物以此来不断推动情节发展。儿子听得入了神，常常禁不住跟着我手舞足蹈。但我总是讲到最有趣的地方就打住，并告诉儿子这个故事在哪本书中，鼓励他在阅读中寻找乐趣。

卡尔的乐趣不止于此，在音乐中他能够找到自己的乐趣。

歌德曾说过："为了不失去神给予的美的感觉，必须天天听点音乐，天天朗诵一点诗，天天看点画儿。"因此，接触音乐对孩子是很重要的。有人说，善于唱歌的人比不会唱歌的人寿命长，这是由于善于唱歌者总是能保持一种愉快的心境。神经质的孩子如果养成了唱歌的习惯，就会变得快活起来。

我们不可能让每个人都成为音乐家，也没有这个必要。然而，一个人的一生如果完全不懂音乐是不会幸福的。即使自己不会，起码也要会欣赏。因此，应该想办法教给孩子一些音乐。有人认为，既然不想让孩子成为音乐家，教他音乐不是浪费时间吗？这种认识是错误的。没有艺术的生活，就如同荒芜的原野。为了使孩子的一生幸福，生活内容丰富多彩，父母有义务培养他们的文学和音乐的修养。

我个人认为，人生在世懂得音乐是非常幸福的。从儿子小时起，我就努力使他形成欣赏音乐的观念。前面已经介绍过，在儿子出生后不久，我就买来能发 1、2、3、4、5、6、7 七个音的小钟敲给他听，并让妻子唱给他听。

当儿子学会 ABC 的读法后，我便教儿子乐谱的读法，还常常做与之相关的游戏。具体的玩法是在屋中把东西藏起来让他找。这是儿童常玩的游戏，在此我还利用了吉他，这样游戏就变得更加欢乐轻松了。比如：当儿子一走近藏东西的地方时，我不是说"危险，危险"，而是渐渐弹出低音。若是走远了，就渐渐弹出高音。儿子如果不注意声音的高低，就很难找到藏起来的东西。这一方法对训练孩子的听力很有好处。

孩子都喜好节奏，我就从这方面开始训练。从儿子尚不会说话时起，我就用拍手的方式打拍给他看。不久，我买来了小鼓，教他按照拍子敲打。过了一段时间又买来了木琴，让他敲打，并且开始做弹琴游戏。我用手指出墙上的乐谱，他按乐谱拨响琴弦。过不了多久，他已能用吉他单音弹奏简单的曲调了。

在卡尔能够用吉他弹奏简单的旋律之后，我让他抓住这个时机，一鼓作气地练习下去。我从单音开始教他，后来又教他和声，没过多久他就能很流畅地弹奏音阶和琶音了。

这时，我觉得自己已经没有能力继续教他更深入的演奏技巧，便为他专门聘请了一名吉他教师。

现在有许多音乐教师在教孩子学音乐时只教技巧，无论是学习钢琴还是小提琴，他们总让孩子像机器一样拼命练习。我认为这种方式是错误的，音乐是依靠于感觉，如果不有效地培养起孩子对音乐的感觉并从中发现那些神秘的音乐之美，是很难取得有效的成果的。我请来的这位教师不但会演奏吉他，他还是一位出色的小提琴演奏家。他就利用自己的特长让卡尔认识和区分旋律乐器与和声乐器之间的相同点和不同点，让卡尔从小就认识到不同乐器的特点，以及它们各自的优劣。

就在这样既学习又欣赏的过程中，卡尔并没有耗费太多的努力便熟练地掌握了小提琴和吉他这两种乐器的演奏方法，后来又学会了钢琴。

更有趣的是，这位教师常常和卡尔一起演奏吉他与小提琴的合奏曲目。有时老师演奏吉他，卡尔演奏小提琴，有时他们又互换角色，卡尔演奏吉他，老师演奏小提琴。他们师生两人配合得非常完美，在大多数时候他们的演奏甚至达到了专业水平。

他们的音乐迷人极了。一次聚会，他们一起演奏了帕格尼尼的几首小提琴与吉他二重奏曲，获得了众人的好评，特别那一首著名的《E小调奏鸣曲》更是赢得了大家一致认同的掌声。

卡尔在学习乐器演奏的同时，还在教师的帮助下自己编曲子，虽然那还不是真正意义上的作曲，但对于小卡尔来说已经非常不容易了。

卡尔自己创作的那些曲子我至今还保留着。一直到现在，每当我看到它们时，总会想起童年时小卡尔的可爱模样。

怎样激发孩子的兴趣，让孩子善于提问

> 我顺手掐起一朵野花，叫道："儿子，快过来，我们一起看看这朵花。"儿子好奇地凑近。我一边解剖这朵花，一边向他讲解花的生长特点和作用。

尽管卡尔有这么多的兴趣，从事着各种活动，可人们还是偏执地认为他的生活除了坐在书桌前面，其他什么也不干。他们甚至觉得，他可能除了学究式的知识外，还会点外语，其他就什么也不懂了。

实际情况并非如此。了解我儿子的人都知道，他坐在书桌前的时间比任何一个少年都少。事实上，他把大量的时间都花在了玩耍和运动上，他是一个健康活泼的孩子。在学习方面，他除了学习外语外，还轻松地学习了植物学、动物学、物理学、化学、数学等。

诸位一定想知道我到底使用了怎样独特的教育法，才使孩子能这样既轻松愉快又学到如此丰富的知识。其实很简单，我的教育秘诀在于：激发孩子的兴趣并让孩子善于提问。

儿子长到三四岁时，我每天早饭前都要带他出去散步一两个小时。这种散步可不只是简单地溜达，而是一边谈话，一边散步。一般情况下，我总要抓住几个有趣的话题，讲给儿子听。他的思维活跃，想象力也特别丰富，能够顺着我的话题，一会儿谈航海去印度和中国，一会儿逆尼罗河而上，一会儿到白雪皑皑的北极探险，一会儿又在芳香浓郁的锡兰森林中逗留。有时，还回溯到几千年以前，跟随斯巴达人攻打特罗伊城；有时坐在奥德修斯的船上，在未知的海洋上航行；有时又跟随亚历山大的军队远征西洋。儿子的地理与历史知识就是在散步中打下了基础。

更多的时候我们走在植物繁茂的山间小道上，草丛里不时伸展出一些不知名的野花。我顺手掐起一朵野花，叫道："儿子，快过来，我们一起看看这朵花。"儿子好奇地凑近。我一边解剖这朵花，一边向他讲解花的生长特点和作用。我告诉他："这是花瓣，这是花蕊、花萼，还有随风飘洒的花粉，没有它，花儿最后便结不出果实……"有时草丛中会突如其来地蹦出一只蚱蜢，我眼疾手快地一把抓住它。然后我们两个就蹲下来，头凑在一起研究这只昆虫。我会把蚱蜢的身体结构、习性、繁殖等知识尽可能地讲解给儿子。通过一块石头、一草一木等实地素材我对儿子进行了最重要的教育，而这比起学校里那些死板僵化的动植物课程来显然直观多了。

其实只要有信心，自然界的一草一木都可以成为教育的素材，自然界新诞生的一切都可以成为孩子认识与注意的对象。世界上再没有比大自然更好的教师了，它能教给人无穷无尽的知识。遗憾的是，大多数的父母和孩子却没能好好利用它。

每逢节假日，我都要带儿子到田野里，摘下一朵花，拔下一棵草，砸碎一块岩石进行观察，窥视小鸟的窝，观察小虫的生活状况等。我利用这些实物向儿子讲述各种有趣的故事，涉及动物学、植物学、矿物学、物理学、化学、地质学、天文学等几乎所有的科学领域。卡尔非常喜欢植物，采集的标本堆积如山，他还用显微镜观察各种东西，同时，还写出了有关各种事物的有趣的散文。

有一次，我捉了一只青虫给卡尔看。当时他很害怕，觉得它是一种可怕而令人恶心的动物。可是，在我详细地向他讲述了青虫的生长过程之后，他便不再害怕，因为他知道了美丽的蝴蝶正是由这种难看的昆虫变来的，为此，他还写了一篇《美丽从哪里来》的童话故事。

他在故事中描述了一只小青虫在没有变成蝴蝶之前受到了别人的冷遇嘲笑，而在它变成蝴蝶之后又赢得了所有动物的尊重和羡慕。写完文章后，他还若有所思地对我说："不仅小动物是这样的，人也是这样的。一个人在一无所有的时候就会受到别人的冷落，当他取得成绩的时候就会得到别人的赞扬和尊重。"

卡尔能写出这样的文章，能说出这样的话，我感到高兴而自豪。因为他不仅学到了自然知识，对人生也有了自己初步的感悟和认识。

许多父母都为孩子的恶习发愁。我觉得，孩子的不良行为是因为他们的精力使用在不恰当的地方，这实际上是在浪费精力。我建议把他们都带到大自然中去，他们就无暇干坏事了。何况多接触大自然能使孩子的心地高尚，自古以来和大自然感情融洽的人心地都是善良宽厚的。与大自然接触不仅有益于孩子的身体健康，而且也能让他们精神旺盛。城市里的孩子多因远离大自然，很少呼吸新鲜空气，所以他们会变得心情不佳或性格乖张。

认识到这一点，我尽量让儿子多与自然界接触。在家里时安排他做做园艺，栽培花草和马铃薯等。儿子很喜欢做这些事，每天给它们浇水、除草，观察它们的生长情况，并从中体会到了无穷的乐趣。每年夏天我就带他到山中森林附近住一阵子。森林对孩子来说是最好的教科书。每逢晴天，我就带儿子到森林中去玩。我在森林中教给儿子诗人们歌颂自然的诗。在晴朗的天气中，呼吸着新鲜空气，立足于肃静的大地朗诵古人的诗，是非常愉快的。

卡尔还养过小鸟。他有两个金丝雀，一个叫菊花，一个叫尼尼达。他教给金丝雀各种玩意儿。它们能随着小提琴唱歌，又能站在手掌上跳舞。儿子弹吉他，小鸟就站在他的肩上。叫它们闭上眼睛，就闭上双眼，读书时叫它们翻开下一页，它们就用小嘴翻到下一页。

此外，他还饲养着小狗和小猫。饲养这些动物时，为了给它们调配食物、喂水，儿子得全身心投入，这培养了他专注的精神，还培养了他的爱心。

坚持与儿子的地位平等

> 我从不认为由于我比儿子懂得多，就有资格在他的面前充当权威。当儿子问到我自己也不懂的问题时，我会大胆地告诉他自己的不足。

有人认为，年幼的孩子只对玩耍感兴趣，这纯属无稽之谈。事实上，从两三岁开始幼儿就已经开始萌发出探究精神了。具体的表现就是他们开始向大人提问，提出的问题越来越多，而且千奇百怪。这是值得高兴的事，说明孩子已经开始对世界进行思考了。然而，大多数父母不仅不为孩子的提问感到高兴，反而倒十分厌烦。他们对孩子所提出的问题大都是草率地敷衍一下，并没有试着去耐心地说明或解释。

这种做法是非常不好的，它实际上是在压抑孩子的探究精神。要知道，在孩子的智力刚开始萌芽时，如果我们不向他们提供适当的对象供他们玩耍，他们这种已经萌发的探究精神就会白白地枯竭。相信每个做父母的都不愿意看到这种状况。只是现实生活中，扮演这一角色的往往是孩子们的父母，他们总等到孩子上了学才大惊小怪地嚷："哦，为什么我的孩子成绩这样糟糕呢！"这些父母只知道一味埋怨孩子，却从来没有对自己的行为进行过反省。

还有一些父母，不但不耐心地培养孩子的探究精神，相反却以居高临下的态度对待孩子，他们觉得孩子什么都不懂，整天只会胡思乱想。所以他们要么是随便地敷衍要么是用长辈的权威武断地命令孩子，甚至让孩子无条件地接受自己的观点。这种做法更是错上加错。

我的一位表兄就是用这种方式教育孩子的。这种不负责任的做法使那个可怜的孩子一天比一天糟糕，到后来变得完全不像是一个健康的孩子，甚至心理也变得不健全。

这个孩子开始和天下所有的孩子一样，对世界充满好奇心，经常缠着父亲问这问那。可是，他父亲并没有重视他的这种探究欲望，总是随便说点什么应付他。在孩子对某些具体的事物提出疑问时，这位父亲总这样说："你问这么多干什么？快去玩你的吧，别来烦我。"

虽然多次遭到父亲的粗暴拒绝，孩子天性中的探究精神仍然没有被泯灭，他还是一次一次地向父亲求助，希望能从父亲那儿得到一些答案。

有一次，孩子问父亲："爸爸，为什么太阳和月亮都是从东边升起而从西边落下去呢？"

父亲回答："为什么要问这个？它们本来就是这样的。"

孩子又问："我想它们这样一定有什么原因。"

父亲不耐烦地说："没有什么原因，它们就是那样的。"

孩子说："可是，我想弄明白……"

或许这位父亲觉得孩子太烦人，便大声地对孩子吼道："你怎么这么讨厌？你不用弄明白，我说它们本来就是那样的，这还不够吗？"

我想，这种回答是所有孩子都无法接受的，从此以后，这个孩子不再向父亲问任何问题，只是常常独自一人坐在椅子上发呆。

这样的事发生在我们这个世界上，真正是一种极大的悲哀。

让我们做一个试验，假如对某个人施行催眠术，给他一种所谓消极的幻觉暗示，那么他就会连眼前的人和物都看不到。如果我们的教育是这种催眠术式的教育，那将多么可怕。也就是说，我们的教育决不能使孩子陷入这种消极的幻觉状态中。我教育儿子的真正目的，就是要为他打开智慧的天窗，让他能够敏锐地观察到社会上的各种事，洞察出社会上的矛盾和缺陷。我们人类的理想，决不应当像亚当和夏娃那样，仅仅满足于无知状态下的所谓的快乐天堂生活，事实上却不知自己是裸露着身体的。

要做到这一点，就必须重视孩子最初对世界的探索，要积极回应他们的每一个问题。同时，做父母还应该注意不能用权威压抑孩子的天性。

孩子既不能受一些戒律的束缚，也不应受到权威的压抑。受到权威的压抑，孩子的辨别能力就会萎缩。而没有辨别能力，就谈不上独特见解和独创精神。不仅如此，它还会使孩子形成病态地接受暗示的心理。在权威压抑环境中成长的孩子，久而久之他们精神上就会产生种种缺陷。所以为了培养孩子的辨别能力，不论在实践还是理论上，都不能用权威去压抑他们。

父母是人而不是神，因此他们也会经常犯错误。当孩子问出一个他们答不上来的问题时，为了保住面子，就随便给出一个错误的答案，甚至以大声呵斥孩子来掩饰自己的尴尬，对这种做法我是不以为然的。

当我儿子提出问题时，我总是鼓励他，并耐心地回答，绝不欺骗他。在教育上，我觉得再没有比教给幼儿错误的东西更可恶的了，这个错误可能会影响到孩子一生，因为最初的印象往往是最深刻的。因此，在教育儿子时，我竭力反对那些不合理的和似是而非的知识。在给儿子解答问题时，我考虑的不是我的说明是否容易理解，而是孩子在现有的知识与思维能力下，是否能完全加以接受。因为父母如果随便给一个过于深奥的答案，孩子不能理解，结果心中的疑团仍然解不开，他们会一直不停地追问下去，很多父母就是这样被问烦的。

我从不认为由于我比儿子懂得多，就有资格在他的面前充当权威。当儿子问到我自己也不懂的问题时，我会大胆地告诉他自己的不足。比如，有一次儿子问我天文学方面的问题，我就干脆老实地回答说："这个爸爸也不懂。"于是我们两个人就一起翻书，或者去图书馆查阅资料，一起把那个问题弄懂。为此我还向儿子表示感谢："如果不是你今天提问，爸爸至今也没弄懂这个问题呢。你以后要多多提问，我们一起来学习知识吧。"在这样的鼓励下，儿子的问题果然源源不绝。

等到儿子再大一点，懂得的知识更多一点，对他提出的一些问题，我不再立刻给出答案，而是让他先思考一下，尽力自己去找出答案来。如果儿子给的答案和我的不同，我也并不一口否定，而是帮他分析，找出错误。有时候我会说："其实你的答案也有道理，也许是爸爸错了，我们去看看书上怎么说吧。"

在整个教育过程中，我坚持将自己放在与儿子平等的地位上，这样就给儿子灌输了不迷信权威、追求真理的精神。

第五章

辨别力·如何培养孩子的辨别能力

儿子，你要掌握对事物的辨别能力

没有敏锐辨别能力的孩子，无论他怎样用功学习，无论他阅读了多少书籍，他也只能算是一个储存知识的容器。

一般人总是把学习知识放在教育的首位，不厌其烦地教孩子这样那样的知识，认为只要孩子具备了各种知识，就等于他们的教育问题解决了。这是目前很流行的观点，也是被教育机构认同的一种观点。在我看来，这个观点是肤浅的，至少是不全面的。

我认为，一个孩子即使是掌握了大量的知识，如果他没有在学习的过程中获得一种特别的能力，他掌握的知识最终会毫无用处。

这种能力就是对事物的辨别能力。

我一直认为，没有敏锐辨别能力的孩子，无论他怎样用功学习，无论他阅读了多少书籍，他也只能算是一个储存知识的容器。

也就是说，如果他仅仅只充当了一个储存知识的容器，他的知识再怎么丰富也是没有用的。

我认识一位历史教授，也是名噪一时的所谓的历史学专家，他也是我的朋友。据我观察，这位名望很高的历史学家并没真正弄懂历史。因为他除了能够牢牢记住那些史实及发生那个历史事件的年代以外，其余的就一无所知了。我所说的"一无所知"是指对历史他缺乏一种判断和反思的能力。

这样的历史学专家有什么用呢？他的价值以及他所掌握的知识的价值又

在哪里呢？我想，对此我不想作过多的评价，任何一个稍稍有点头脑的人会轻而易举地得出结论。

虽然从卡尔一出生起我就开始教他各种知识，当然也包括历史知识，但我并没有因此而忽视了对他的辨别能力、分析能力的培养，反之我把它们放在了最重要的位置。因为我很清楚地知道，如果不这样做的话，卡尔长大之后是不会有所作为的。

记得卡尔还只有四五岁时，一位主教来我们的教区作访问。因为是同行，在做完公事之后，我便邀请他到我家做客。

或许主教的职位比我高，也可能他的举止言谈比我更加合乎礼仪，小卡尔一见面就喜欢上了他，并非常尊敬地向他问这问那。

当然，主教也很和蔼地与小卡尔交谈。

晚饭后，我叫女佣为主教安排住宿，并亲自带他来到了客房。

"主教大人，今晚您就住在这里吧。虽然这里不怎么奢华，但很安静。床单都是刚换过的。您看还行吗？"我对主教说道。

或许主教看到的房间并没有想象的那么舒适，他微微地皱了一下眉头，有些不情愿地说道："是的，这里很不错。不过我还是回城里到市长那儿去住吧。"

说着，主教便想告辞。

"先生，您留在这里吧。我们都很欢迎您。"这时，小卡尔叫住了他。

主教向卡尔笑了笑："谢谢你，孩子，可我一定要走。"

事后，我对卡尔说："可能他觉得我们这里太简陋了吧。"

卡尔说："你不是说牧师是不在乎这些的吗？"

我笑着摸了摸卡尔的头："卡尔，你要知道，不是每一个牧师都能像你父亲这样。我和他虽然是同行，但我们不同道。"

卡尔似乎没有听明白我的意思，迷惑不解地看着我。

于是，我便进一步向他解释："世界上的每一个人都不同，有的善良，有的邪恶。这些不同的人时时刻刻都在我们身边，要正确地区分他们是很不容易的。就拿父亲的职业来说，虽然这个世界上还有许多牧师，但真正能够奉行上帝旨意做事的人并不多。"

"爸爸，我明白了。您说的'同行不同道'就是指您是真正的牧师，而那位主教不是。"卡尔说道。

听见卡尔这样说，我并没有赞同也没有反对，只是微微地笑了一笑。

我知道，在卡尔幼小的心灵之中已经播上了能够辨别周围事物能力的种子。

阳光之下有阴影

> 这个世界上有许多事实际上并不像它表现出来的那样好。有的人长得很漂亮，表现也很和蔼，这并不意味着他就是个好人。有的人天生性格粗犷，有时表现得很凶恶，但或许他就是真正的好人。

在我们周围有许多所谓的乐观主义者，他们认为今天的社会是完善而理想的。至少目前我们暂时还没有受到饥饿的威胁，周末也可以带着孩子去阳光下的草地上野餐，享受童话般美丽的生活。然而，任何人也不能因此就否认生活之中还存在着许许多多让我们无法回避的问题。

"只要真正看看世上的痛苦和悲惨，谁都会感到寒心的。"这是叔本华的一句名言。虽然叔本华的厌世主义受到了种种谴责，在我看来他仍然是一位伟大的哲学家。

或许有人会指责我在这里宣传厌世主义，认为我的这种做法会让小孩子从小就生活在阴影之中。首先我要说明我不是厌世者，孩子也应该明白世界上除去他们看到的美丽阳光外还有丑陋的阴影，我并不想让小卡尔变成阴暗的人，相反，我只是要他学会正视这些阴暗的东西，然后再勇敢地面对它。

有一次，天气特别好，我们决定去邻村的纽曼河边野餐。纽曼河并不大，河水清澈见底。

我们这一带的人几乎都有个习惯，就是在春天来临时都会不约而同地去纽曼河边散步游玩。

平时我忙于教区的工作，带卡尔去这个地方较少。所以，卡尔一听到这个消息就显得特别激动。

为了让这次野餐热闹有趣，我们还约了邻居伍德里莱一家。

我们七八个人大约步行了半个多小时便来到纽曼河边。这时，纽曼河边已经有许多人在那儿生火烧饭了。

简单地忙碌准备之后，我们终于在临时搭起的餐桌前坐了下来。

卡尔高兴极了，因为今天的主菜是他最爱吃的土豆烧牛排。

这时，一个胖乎乎的中年男人向我们走来，他一边走一边热情地向我们每一个人打招呼。卡尔是个很礼貌的孩子，见这位满脸堆笑的客人到来时便立刻起身让座。

这人叫米斯泰勒，是我们这一带很有名的人。

当然，我说他有名，并不是因为他为人们作出了值得称赞的贡献，也不是因为他拥有了让人赞赏的美德。

可以说，他是一个臭名昭著的人。

见卡尔礼貌地给他让座，米斯泰勒笑着说了一声"谢谢"。可是当他正要往那张椅子坐下去的时候，伍德里莱先生大声吼道："走开，我们这里不欢迎你。"

伍德里莱先生的"粗暴"使在座的每一个人都惊呆了，特别是卡尔，他简直愣在了那儿。

这时，米斯泰勒不得不离开了那张椅子，虽然受到伍德里莱先生的冷遇，他还是满脸堆笑地说："我只是坐坐而已，没必要这么粗暴。"

他一边说一边离开了我们，向另一群人走去。

米斯泰勒走后，我发现卡尔没有先前那么高兴了，他生气地瞪着伍德里莱先生。

我笑着说："卡尔，你是不是觉得伍德里莱先生不对呀？"

卡尔说："当然啦！他为什么对客人不友好？"

伍德里莱先生说："他算什么客人？他是令人讨厌的人。"

接着，我向卡尔讲了一些有关米斯泰勒的事：米斯泰勒是个游手好闲的懒汉，他无所事事，到处混吃混喝，还向每一个人借钱，并且从来都不指望还钱。

我讲完了米斯泰勒的事之后，卡尔充满疑惑地说道："可是他看起来不像啊，我觉得他看起来挺好呀？也许他比一些人的表现还好一些。"说着，卡尔瞟了一眼伍德里莱先生。

伍德里莱先生发现了卡尔对他的不满，便说："卡尔，你还不懂。别看我表面上很凶，可我不是个坏人。"

卡尔没有搭理他，仍然一副不以为然的样子。

这时，我便耐心地对他讲："卡尔，这个世界上有许多事实际上并不像它表现出来的那样好。有的人长得很漂亮，表现也很和蔼，这并不意味着他就是个好人。有的人天生性格粗犷，有时表现得很凶恶，但或许他就是真正的好人。人是很复杂的，你要学会怎样辨别真正的好人和坏人。"

卡尔不解地问："爸爸，您不是说这世界上的大多数人都是好人吗？"

我笑着说："当然，可是你不要忘了，阳光之下一定会有阴影，这个是千万不能忽视的。"

卡尔不再说话，只是低着头自顾吃东西。过了很久，他忽然说道："我明白了，虽然今天阳光明媚，但也有个讨厌的阴影，就是刚才那个人。"

"他不值得你帮助!"

你要清醒地认识身边的人,这对你的成长是件重要的事,许多人与你交往也许都有某种目的,怎样识别别人的用意对你很重要,等你长大后你会更加深刻地理解我所说的这一切。

大多数人认为能帮助别人是一种美德。然而,究竟什么样的人值得我们帮助,什么样的人不值得帮助,这并不是一个十分简单的问题。

上帝是仁慈而公正的,他知道这种仁慈应该对谁。可是,我们当中的大多数人并没有弄清什么是真正的仁慈,什么是真正的善。

生活中是不是有许多这样的善事发生呢?有些人不惜牺牲自己去帮助别人,不但没有得以相应的回报,反而受到了欺骗。这是因为什么呢?很简单,这些帮助他人的人并没有弄清被帮助的人是否值得帮助。也就是说,这样的好心人实际上是很愚蠢,因为他们没有任何的分辨能力。

卡尔是个善良的孩子,他很小的时候就懂得关心别人。他理解我,他理解母亲为他的成长所付出的努力。对于家里的用人,他也是加倍关心,经常帮助女佣做一些力所能及的事。

有一天,我偶然发现卡尔的零用钱莫名其妙地减少了许多。卡尔是个很节约的孩子,他平时总是将我给他的零用钱攒起来,以便在适当的时候买他喜爱的用品。由于他用得很少,每隔几个月他都会积攒一笔对他来说数目不小的钱。可是这一次,他似乎用得太快了一些。

我想，这其中一定有原因，就找了一个合适的时机问他："卡尔，你最近买了新文具了吗？"

"没有。"

我相信卡尔不会撒谎，因为我很了解他。虽然有时他也会像其他孩子一样调皮，但他绝不会是一个撒谎的孩子。

卡尔没有给我一个合理解释，但我并没有追问他，我想孩子有自由支配自己金钱的权利。

或许卡尔觉得有必要让我知道这件事的真相，晚饭时，卡尔告诉了我关于这件事情的真相。

原来，卡尔将大部分零花钱借给了一名叫柯兰迪的男孩。

柯兰迪是一个农夫的儿子，年龄比卡尔大三岁，已经是一个大孩子了。

据卡尔说，柯兰迪家很穷，他们经常为生活费发愁。于是他就用自己的零用钱帮助有困难的人，这本来是一件好事。然而，事情也许并没有表面看起来那样简单。

据我所知，柯兰迪的父亲爱酗酒，也很懒惰。在这种家庭环境的影响下，柯兰迪也渐渐变成了一个贪玩、不思上进的孩子。

我从卡尔的讲述中了解到，柯兰迪借了这些钱后既没有帮助弟弟妹妹的生活，也没有为自己买学习用具，而是用于赌博，他给卡尔许诺：等有一天在赌博中赢了钱后他会加倍还给卡尔。

起初，幼稚的卡尔并不愿意接受我的忠告。他辩解道："柯兰迪赌钱也是为了帮助家人呀！他向我发过誓，等他赢了钱后一定要为弟弟妹妹买学习用品。虽然赌博不是一件好事，但柯兰迪也是没有办法才这样做的。"

对卡尔的错误想法，我只是耐心地向他讲道理："要知道，赌博是一件很糟糕的事，你借钱给柯兰迪从某种意义上说你也参与了赌博。再者，你永远别相信柯兰迪会还钱给你，因为他永远也不会赢钱。第三，用借来的钱去赌博的人是不值得别人帮助的，因为企图靠这种小把戏赚一把的人本来就是无药可救的。"

卡尔问道："可是，您不是常说要帮助别人吗？"

我说："当然，帮助别人是值得赞扬的。但不要忘了，帮助别人的方式有许多种，并不是只有借钱一种方式，何况是那些不值得帮助的人。你要清醒地认识身边的人，这对你的成长是件重要的事，许多人与你交往也许都有某种目的，怎样识别别人的用意对你很重要，等你长大后你会更加深刻地理解我所说的这一切。"

虽然当时卡尔还不能完全明白这些为人处世的道理，但他再也没有借钱给柯兰迪了。

多年以后，在卡尔有了更多的生活阅历后，他才真正完全理解了它。

后来，"不要向别人借钱，也不要借钱给别人"成了卡尔为人处世的原则，这是他在念大学时在写给我的一封信中告诉我的。

或许有人会认为我向年龄那么小的孩子讲这些成年人的道理会损害他们纯洁的心灵，其实不然，我认为让孩子从小就能明白事理，和学会保护自己比让他成为一名"白痴"似的好人要好得多。

第六章

人际交往·教孩子与人相处的智慧

倾听的艺术

> "倾听"是一种非常好的教育方式，因为倾听就表示对孩子尊敬、关心，这也促使孩子去认识自己。如果孩子感到他能自由地对任何事物提出自己的意见，而他的认识又没有受到轻视，这样可以促使他毫无顾虑地发表自己的意见。

我认为，一个再聪明的孩子，如果不懂得怎样与人交往，也只能是一个与外界格格不入的神童。这种孩子在将来不可能有所作为，即便他是所谓的神童，也做不出什么真正的大事来。因为一个人如果仅懂得一些知识，而不懂得与人相处，他的潜能根本就无法施展出来。果真如此，即便才高，也只是个纯粹的书呆子。

教育卡尔，我注重教他学会怎样与他人相处。为了使他具备良好的沟通能力，广交朋友，我对他说他要做到以下几点：友爱、协作、大方、开朗、公道、礼貌、自尊、责任心、组织能力等等，目的是让他以此作为与他人相处的准则，让他能够以适当的方式与别人交往。

善于交际的人做事一般会很顺利，反之就会处处碰壁，以至于什么事都做不成。而且，善于与别人沟通的人永远是快乐的人，不能很好地与人相处的人则会孤独和不幸。

有一天，一位朋友对我说起他家里的事："我们有时候会出现问题，但又不愿意将真实的情况说出来。部分原因是害怕，部分原因是觉得丢脸。大家都是这样，包括我和妻子，以及我们的孩子。"

我告诉他："如果大家想真诚地交流一次，建议你们开一个家庭会议，会议上允许每个人都可以自由发表自己的意见。"

朋友听了我的话，他们每人买了一个笔记本，在上面记下所有其他人对自己做的错事。他们规定了一个时间开家庭会议，每次会议结束时选出一个新的负责人，由他来安排所有的事情。

后来朋友告诉我，自从有了家庭会议后，家里的气氛好多了。每一次会议他们都像过节一样，大家欢聚一堂。开始时，他们彼此还有所顾虑，有很多矛盾。到了后来，大家都开诚布公，畅所欲言，渐渐地那些矛盾在不知不觉中消失了。

以前，孩子们不敢与他多说话，妻子也有些怕他，他自己也感到很别扭。现在，孩子们逐渐地向父母袒露了他们的情感要求。他们希望父母晚上能陪他们玩一会儿，父母毫不犹豫地答应了，同时也对孩子们提出了要求，要孩子们能够做到及时上楼、及时吃饭和洗澡。他们一家人都很赞成这种交流方式，它使父母与孩子可以畅所欲言，这样作出的决定大家也乐于执行。据说，他们这样做收到了良好的效果，并且，我的这位朋友和妻子的感情也恢复到了新婚时那样和谐。

这种做法被我称为自助式的家庭教育。我认为家庭生活难免会让家人之间产生心理障碍与隔阂，但家庭也同时具备一种积极的力量，应该充分地利用它来解决所遇到的问题。比如，母亲要做繁杂琐碎的家务，而孩子的不整洁更增添了她的负担；父亲忙碌了一天，回到家孩子还任性淘气、吵吵闹闹。这时父母也许会容忍下去，但这种做法不仅不利于孩子的教育，还会让父母感觉到压抑，他们会感觉到整个世界都在与他们作对。如果是火冒三丈，大声责骂又怎样呢？这也不是明智的，而且与孩子之间会产生情感上的裂痕。

如果父母采取一种积极解决问题的态度和方法，让全家人都坐下来，在家庭会议上和谐融洽的气氛之中，就会收到较为满意的结果。

积极的沟通不仅是父母与孩子对话，是教育孩子的重要途径，它本身也是一种教育。受父母的言谈处世的影响，面对着一定的处境时，他们能主动自信地去面对，能够从容理智地解决问题。

　　我从卡尔 3 岁起就让他加入类似于家庭会议这样的话题，让他和我及他母亲、用人一起讨论问题。尽管那时他还不能完全弄明白，但他已经意识到发生了什么事，相互间怎样交谈，解决一个问题需要具有什么样的能力。

　　家庭会议的方式涉及家庭教育中很多具体而重要的细节，而这些可能是被教育的双方忽略了的。如果母亲表示，孩子若能帮她洗衣服，她会很高兴，而这些也正是孩子乐意的，这样做就有助于他们更深入地了解孩子。这种深入的了解会让孩子对父母有种信任感，也更乐意接受父母的教育。

　　我在教育卡尔的过程中，渐渐掌握了一些与孩子沟通的经验，其中有一个被我称为"倾听的艺术"。

　　我和妻子每天在卡尔入睡以前，都要留一段时间听孩子讲今天发生了哪些事情，在这个过程中，很多时候儿子也会对一些事情作出自己的评价，比如哪些事情做得好，哪些事情做得不好。在这个过程中他逐渐习惯了反省自身，而我们也会对儿子的个性、待人处世方式有了更清楚的了解。我认为，做父母的总是希望孩子对自己敞开心扉，希望孩子有什么事都与自己商量，征求自己的意见。但父母应该首先营造真心倾听的氛围，赢得孩子感情上的信任，才能与孩子无拘无束地交流。

　　在与儿子的交谈中，我会理解儿子真实的感觉，但这种理解并不意味着一切都要由着他。对他不正确的想法，我会给予及时的指导，并给他讲清楚道理。

　　有一天，卡尔对我说，他不喜欢我们的邻居布劳恩夫人。我问他为什么，他说布劳恩夫人很少笑，一点也不亲切。

　　我对他说："你不喜欢布劳恩夫人是因为她看上去不亲切，很少笑。可是另外一些事情你也许不了解，布劳恩夫人的心很好，如果你对她友好，她会很高兴的。你们也会相处得很好的。"

　　晚餐对于我们来说，是一个最美好最重要的时刻。我们时常在餐桌上讨论家庭问题。每当这个时候，我都不许任何人来打断我们。家里的每个人都有机会讲出自己的想法。我发现，利用这种时刻与儿子进行沟通交流效果确实与平时不大一样。卡尔此时谈论的事情也最能引起我们的注意，他自己也会有一种受到尊重的满足感。

我有时还会专门选择一定时间与儿子聚在一起，我们一起去田野，一起去树林中野炊，共同分享彼此的情感。在这样轻松愉快的过程中，我和儿子的谈心就显得非常自然舒畅。

我认为"倾听"是一种非常好的教育方式，因为倾听就表示对孩子尊敬、关心，这也促使孩子去认识自己。如果孩子感到他能自由地对任何事物提出自己的意见，而他的认识又没有受到轻视，这样可以促使他毫无顾虑地发表自己的意见。先是在家里，然后在学校，将来在工作上、社会中也能自信勇敢地正视和处理各种事情。

我认为沟通是一种艺术，有关的时间、地点、环境和方式都要考虑到。比如说孩子有时候希望在心理和情感上保留一些自己的空间或是他感情波动很大，非常需要安慰，而不是想提问，这时候，我会拥抱、抚摸儿子，传给他沉默而温暖的信号。有时候，对于某些我觉得不便用口头表露的情感，我会把要表达的意思用书面的形式，写在纸条上，这样既显得有分量，也表明了我们对这个事情的重视。

我想尽一切办法让我们和儿子有良好的沟通，这不仅加深了我们对儿子的了解和感情，也教会儿子学会怎样去与他人沟通，以培养儿子与他人交往的能力。

家庭中理解的力量

> 当孩子能够参与讨论家里的通常看来是成年人的问题时，他们才能够更好地理解父母，而父母一方面可以调动孩子的主动性，使他们能清楚地认识自己的才干，另一方面可以得到有效的反馈信息，以便对自己的教育方式及时调整。

许多家庭问题的发生，如家庭成员之间情感的疏离和冷漠、孩子性格心理上的缺陷等等，都与家庭沟通有关，一些问题的产生往往是相互之间缺乏良好的沟通。

比如孩子撒谎，很多时候就是因为他感到与父母处于不平等的地位。直觉告诉他们，父母不愿意与他探讨有些事情该如何对待，不愿意理解他们做的某些事，对他们所犯的错误却总是严厉地指责，所以他们就选择不说真话。

我认为，成功的家庭沟通，应该注意以下几个因素：理解、关怀、接纳、依赖和尊重。理解要求父母孩子都能够设身处地地为对方着想；关怀不但存在于内心，更要切实付诸行动；接纳要求考虑到每个人的个性，懂得欣赏每个人身上的优点；依赖是要做到既信任别人也信任自己；而尊重是指尊重他人特别是孩子的权利，尊重他们的意见和选择。

要建立一种积极健康的家庭沟通交流关系，应该改变这样一个事实：父母总是充当决策者，而孩子只能被动地接受。父母在家庭教育中应该懂得角色交换，让每一个家庭成员都可以对他自己的愿望给予积极地辩解。当孩子能够参与讨论家里的通常看来是成年人的问题时，他们才能够更好地理解父母，而父母一方面可以调动孩子的主动性，使他们能清楚地认识自己的才干，另一方面可以得到有效的反馈信息，以便对自己的教育方式及时调整。

我弟弟的孩子威尔纳曾来我家住了一段时间，他比卡尔小一岁。威尔纳非常可爱，我们都很喜欢他。当他住在我们家，我们都尽力让他觉得自在，所以卡尔的母亲对威尔纳很疼爱。这样一来，卡尔就觉得母亲的爱都转到了威尔纳身上。

在一段时间里卡尔认定，在他和弟弟威尔纳的争执中，母亲总是偏袒威尔纳。这是孩子很容易产生的情绪，认为父母亲的关怀被弟弟分享而产生了不平衡的心理。卡尔的母亲则希望卡尔在与威尔纳的相处中学会调整自己的心态和举止，消除对别人的敌意，学会照顾别人，以后才能处理好与别人交往的问题。

面对卡尔的气恼，母亲并没有直接教训他："为什么要跟比自己小的弟弟过不去？"而是郑重地对两个孩子说："我给你们提个建议，以后你们自己要好好相处，我不干涉你们，你们已经是有理智的孩子了。卡尔，你是不会伤害弟弟的，对吗？如果你们俩还不团结，再来找我好了。"这样，卡尔母亲就把一个关心、照顾的角色交给儿子了。在这以后，卡尔和弟弟威尔纳之间关系更加亲密。母亲的提醒使卡尔意识到自己的责任，感受到自己是这家里负责任的一员，从而变得渐渐成熟起来。在这以后，卡尔对弟弟威尔纳百般照顾，除了陪他玩还教他读书，并给他讲有趣的故事。

有的时候我们看到了儿子存在的问题，希望儿子可以主动地认识到，并真心地纠正，于是便让他自己决策，我问他："现在有这样的麻烦，我们应该怎么办？"这样的做法更利于建立我与儿子之间的感情，也有利于增进双方的相互理解。只要双方有了理解，问题就能很好地解决。

有一次，卡尔和弟弟威尔纳商量好到田野中去玩。我同意了，但要求他们必须在傍晚之前回来。可是他们可能玩得太尽兴，天黑之后才回到家。对于他们没能在规定时间里准时回来的事，我当时并没有说什么。等他们再次提出类似的要求时，我对卡尔说："有件事我和你的母亲很担忧，就是约定好的时间里你们没有回来。那天我们很着急，不知道究竟发生什么事，你母亲都快要急哭了，你看应该怎么办呢？"由于孩子亲自参与决定问题，所以他会很自觉地按照要求去做。后来，卡尔再也没有发生不守时的事，我认为，通过对一个问题的共同协商，父母最好让孩子明白的是"理解、信任、承诺、准时"等观念的重要性。通过协商的方式，容易让孩子站在他人的立场上去思考，也最容易让孩子养成理解他人的习惯。如果面对上述的那些情况，我并没有采用协商的方式，而只是斥责，那么儿子就不会真正地理解父母的一番苦心，甚至还会朝相反的方向发展，变得越来越不听父母的话。

在一次家庭会议上，我们全家讨论了卡尔的一个设想，他计划在一个周末能有一次野炊，他想尝试发挥以往由我发挥的职能。他选定了野炊的地点，宣布出发的时间，并且对准备的食品提出建议。我和卡尔母亲有时加入表决，以推动计划的进一步展开，大家还不断地在本子上记下些什么。现在，我们的家庭会议已经就庆祝节日、赠送礼品、请客、游玩等活动进行安排，这已经成为联系全家人的情感和生活的纽带。在家庭会议中，我们对儿子的想法有时也会提出异议，但我们并不急于提出批评，而是以某种巧妙的方式，让他自己做出正确的决定。

我认为，沟通和理解是最重要的。家庭中对沟通技能、方法的掌握与学习，与孩子未来社会适应能力的高低紧密相连。如果一个孩子从小在家庭中学会了与家庭成员沟通的技巧，当他走入社会时，他也能很好地与他人沟通。

更重要的是，与他人沟通是建立在理解的基础上的。如果没有人与人之间的相互理解，那么每个人都固执地从自己的角度出发，认为自己永远对而别人总是错误的。如果一个人把自己限制在狭小的自我之中，他就不可能去理解他人，也不可能发现别人的长处，那么与他人沟通就无从谈起。如果孩子长大成人后，不能理解他人，不能与他人达成良好的合作关系，那么即使他是一个能力很强的人，也不能顺利地做好每件事，只会为自己设下许多障碍。所以我认为，能够理解他人是与人交往的基本素质。

只有这样，孩子才有可能成为一个全面发展的人。

傲慢是与人和谐相处的最大障碍

扔掉你的傲慢心理，用友好的方式对待他人。只要这样做，你一定会赢得别人的尊重，也会有越来越多的朋友。

卡尔渐渐长大之后，我进一步教他如何和谐地与人相处。对于卡尔这样的孩子来说，要他能够毫无障碍地与他人相处似乎有一定的难度。因为，他毕竟具备了大多数孩子在这个年龄没有具备的东西，比如学问、名声。我们都知道，有些人之所以能和谐相处，正是因为他们之间没有距离，特别是心理上的距离，而有些人总无法与他人沟通，也是因为有了这种距离。

人都有虚荣心，卡尔也不例外，自从他的才华得到了别人的认同之后，便开始有了一些变化。

有一次，我带卡尔去教堂做弥撒，无意间，我发现卡尔变了，他的表现令我既吃惊又气愤。

人们看到卡尔来了，都走过来热情地与他打招呼。这本来是一件让人自豪和荣幸的事，可是卡尔并没有给予人们同样友善的回报。

他既没有微笑，也没有问好，只是冷冷地点了点头，一副很不在乎的样子。

与卡尔打招呼的人大多是与我们相处多年的乡邻和朋友，他们看到卡尔如此冷漠的态度都很诧异。其中一些人还很吃惊地看了我几眼，他们诧异的目光让我感到既尴尬又难受。

当时我没有对卡尔说什么。回到家后我立刻问卡尔："卡尔，你今天怎么了？"

卡尔反问道："怎么啦？爸爸你怎么这么奇怪地看着我？"

我说："你今天对人们那么冷淡，这是为什么呢？他们可都是非常关心你的人啊！"

卡尔说："没有对他们冷淡呀，我向他们每一个都点头示意了。"

我说："可是你的态度与以前明显不同，我相信每一个人都能看出来。你这种做法是不对的，因为你在自己给自己设置障碍。"

卡尔不服气地说："有那么严重吗？我只是觉得我现在长大了，应该沉稳一些。何况那些人只是与我打了招呼，我还能向他们说些什么呢？"

听到卡尔说出这样的话，我立刻明白了他的想法，他一定是觉得现在自己是个"名人"了，就可以不把周围的人放在眼里。

我想，对这样的情况只讲大道理是行不通的，要让他尝到一点苦头才能改变这种错误的想法，于是，我就不再跟他多说什么。

不久，我发现卡尔那种目中无人的高傲突然不见了，取而代之的是极其的沮丧。

有一天，我看见卡尔孤独地坐在院子里的凳子上发呆，便走过去问他："卡尔，你怎么一个人坐在这儿呢？为什么不去找小伙伴们玩。"

卡尔难过地说："我去找过了，可是他们都不想和我一起玩。"

我问："为什么呢？"

卡尔说："我也不知道。他们一见到我就躲开。"

原来，由于卡尔平时在小伙伴面前表现得很傲慢，处处以高高在上的姿态对待他们，并且炫耀自己的才能，久而久之，小伙伴们都开始讨厌起他来，最后干脆就不愿意和他交往了。

我看见卡尔已经为自己的傲慢付出了代价，觉得现在可以跟他讲道理说明这件事的实质，便开导他："卡尔，你一直是个很不错的孩子，在各方面都取得了优异的成绩，这些的确是值得骄傲的。可是，你不要忘了，对于一个优秀的人来说，仅仅拥有能力和知识是不够的，你还需要有许多朋友来关心你、支持你。前一段时间，你由于自己获得了赞誉便开始骄傲起来，总觉得自己比周围所有人都要聪明，甚至看不起周围的人。其实，这种心态和做法都是最愚蠢的，因为你在为自己的将来设置障碍。如果你想成为真正有作为的人，就必须学会妥当地处理你与他人之间的关系，否则，你会处处碰壁。"

听我这样讲，卡尔似乎突然明白了这个道理，他迫不及待地问："那么，我现在应该怎么办呢？"

我说："怎么办？这很简单，扔掉你的傲慢心理，用友好的方式对待他人。只要这样做，你一定会赢得别人的尊重，也会有越来越多的朋友。"

从此以后，卡尔再也没有把自己当作"神童""天才"来看待，而是谦虚地对待每一个人。与此同时，他也获得了他人的尊重。

坚持真理也需要智慧

坚持真理是好事，但你应该注意方法。如果你私下给他指出这个错误，他不仅不会气恼，也许还会感激你呢！

里德因奇是洛赫村一位颇有学识的先生，也是这一带很有名望的人。他不仅饱读诗书而且精通艺术，可以称得上是一个非常有才华的隐士。

里德因奇先生四十岁左右，性格开朗，言行举止中时时透露出他的才华和灵气。他有一个值得人们尊敬的爱好，就是他喜欢给小孩子讲故事，并乐于帮助孩子们解决一些他们自己不能解决的问题。

有一天，里德因奇来我家做客，对一个小孩来说，他的到来是令人兴奋期待的，因为他一定会讲许多有趣的故事，而且对这些故事他还有许多与众不同的观点。

卡尔非常激动，吃过晚饭后，他又去约了邻居家的几个孩子。孩子们坐在我们的餐桌旁，静静地围着里德因奇先生，就像在等待着圣诞老人的礼物。

在一番小小的准备之后，里德因奇开始"演讲"了。他从历史谈到地理，又从地理讲到天文学，后来，又谈论最近发生在世界各地的事，最后他把话题转向了艺术上。

里德因奇先生确实让人佩服，因为他谈话确实太有趣了，不仅是这些求知欲很强的孩子们，就连我也听得入了迷。

话说多了，也容易出现失误。当他谈论到音乐时，便犯了一个小小的错误。

他说："德国有许多伟大的音乐家，在音乐领域任何方面我们都有大师级的人物。巴赫、莫扎特、贝多芬，还有帕格尼尼，他们都是伟大的人。"

只要稍有常识的人都会知道，帕格尼尼是意大利人，可是我们这位知识渊博的里德因奇却说他是德国人。

他话还未说完，我便发现了这个错误，但我并没有立即指出来。我想，说了这么多，有两处疏误也是情理当中的。况且，以他的学识他不可能不知道这是个错误，这只是一时口误罢了。

可是，我的儿子卡尔却没有像我这样想，他立刻将这个错误指了出来。

"里德因奇先生，帕格尼尼不是德国人。"卡尔大声说道。

听卡尔这样说，里德因奇的脸色一下就变了，他显得既尴尬又气恼。

我急忙向卡尔使了一个眼色，示意他不要再说下去。

遗憾的是，我这个过于认真的孩子并没有注意到我的暗示而是继续发表自己的意见："帕格尼尼是个伟大的音乐家，这一点没错，可他是意大利人。不了解他的人也会知道他不是德国人，因为一听他的名字大家都能明白。"

卡尔说得完全正确，可是这种做法未免有些太直接了。

此时，里德因奇先生愤怒地从椅子上站了起来，狠狠地看了卡尔一眼："哦，我在这儿滔滔不绝完全是多余的。"

说着，里德因奇就向门外走去。

我想劝阻他，但根本没有用，因为里德因奇除了因学识而出名外，还以古怪的脾气而著称。

事后，卡尔问我："爸爸，难道我说错了吗？"

我说："你并没有错，可是这种做法不妥当。你这样当众指出了他的错误，让他觉得很丢脸。你没有看见他羞愧得满脸通红吗？"

卡尔不解地说："可是他的确错了呀，我又没有嘲笑他，只是说明了一个事实。"

我对卡尔说："里德因奇先生是个很高傲的人，他认为这是在当众出丑。"

卡尔不服气地说："难道为了他的面子，我就不坚持真理吗？"

　　我向他解释道："坚持真理是好事，但你应该注意方法。如果你私下给他指出这个错误，他不仅不会气恼，也许还会感激你呢！"

　　卡尔问："为什么？"我回答道："因为你坚持了真理又顾全了他的面子。要知道，坚持真理是需要有智慧的。"

　　很多父母只是要求孩子成为正直的人，坚持真理的人，他们也许并不知道，坚持真理也需要有智慧。我想，明白这个道理会对孩子将来的人生大有益处。

诚恳地表达出你的感激

> 教孩子自强自立是好事，但是，书本上的知识有时却和现实脱了节，为此，我不得不向卡尔多讲一些书本之外的事，尤其是在他为人处世方面。

我身为牧师，但并不拘泥于小节。或许正是因为这种不随大流的性格让我生活至今并不富裕。对此，我的心境是复杂的。

拥有财富，过上富足的生活，恐怕是每一个人的愿望，但是许多人都由于这样或那样的原因失去一些让自己生活得更加美好的机会。尽管我通过自己的努力赢得了别人的尊重，但生活上却不尽如人意。

事在人为，为什么不让自己的儿子在未来的日子能够生活得更好，得到更多美好的东西呢？所以，从卡尔一出生起我便下决心尽量让他的人生没有太多的遗憾。

或许有人会对我的这种想法提出异议：身为上帝的使者，难道你得到的还不够吗？当然，目前的一切对于我来说已经足够了，但对于我的儿子卡尔来说，他应该得到更多。

某些时候不随大流的确值得赞赏，但有些时候却会成为一个人立足于社会的障碍。

对此，我深有体会。

年轻时，正如前面所说的那样，我不拘小节，对流行于人们之间的那些习俗礼节不以为然，我想只要自己真正地做人就会获得别人的尊敬，就能够取得应有的成就。

然而，事实并非如此。

我十六七岁的时候，有一位伯爵很欣赏我的能力，给了我很多帮助。当然，对于伯爵的好意我非常感激，但这种感激一直以来我深藏于心，从来没有向他表白过。因为我认为真正的感激是用不着经常挂在嘴边的。可是，后来，我为自己这种不拘小节的性格付出了高昂的代价。

对我的这种不拘小节的做法，刚开始伯爵并没有在意，时间长了后，我和他渐渐产生了隔阂。原因很简单，伯爵不在意，但伯爵夫人却不高兴了。

因为我在看望他们或请求他们帮助的时候从未带去任何一件礼物甚至连一句简单的感谢之辞都没有。

渐渐地，我发现伯爵及夫人对我越来越冷淡，最后，我不但再也得不到伯爵的帮助，连见他的面也很难了。

得不到伯爵的帮助对于我是一个巨大的损失，但更重要的是我失去了一个看重我、关心我的朋友。

或许是遗传，卡尔从小也是不拘小节。我在这方面有过深刻的教训，便下定决心帮他改变这一点。

教育完全可以弥补先天的不足，而且，在任何方面都有良好的作用，对此我一直深信。

梅泽堡公立中学的校长福兰兹先生在得知卡尔的才华之后，便向许多有身份有地位的先生们极力推荐，这为卡尔将来的发展奠定了一定的基础。对于福兰兹先生的厚爱，我当然感激不已。由于平时私交甚少，我一直没有登门致谢。

有一次，我被任命去梅泽堡协助一座教堂的维修工作，便借此机会带着卡尔去向福兰兹先生表示谢意。

那天，我问卡尔："卡尔，你觉得咱们给福兰兹先生带点什么礼物好呢？"

卡尔显得很惊讶地问："礼物？为什么要带礼物呢？"

我说："带礼物是表示对别人的尊敬，也是一种表达感谢的方式。"

卡尔说："爸爸，我们为什么非得这样做呢？我想，对别人的感激应该放在心里，这才是最好的感激。"

我问卡尔："你怎么有这样的想法？"

卡尔理直气壮地说："我在许多书上都读到过，成大事的人不拘于小节，庸人才会这样做。"

卡尔这样说，自然也有他的道理，事实上许多书本都是这样教育孩子的。教孩子自强自立是好事，但是，书本上的知识有时却和现实脱了节，为此，我不得不向卡尔多讲一些书本之外的事，尤其是在他为人处世方面。

于是，我把自己年轻的一些经历对卡尔讲了一番，并仔细分析其中的得失，当然也包括我与伯爵的事。

当我谈到伯爵时，卡尔大声嚷嚷起来："这个伯爵怎么会这样！他真的欣赏你的才华，就不应该计较这些小事。"

当然，让小孩子明白这些道理是很难的，但我仍然一步步地引导他："不，你不能这样想，伯爵是个很不错的人，这件事的责任完全在于我，因为我没有顾及他人的感受，就像现在这样。即使伯爵不在意，可他还有家人，比如伯爵夫人。人的心理是很复杂的，你如果不能妥善地处理这些关系，将来会处处碰壁。"

那一天，虽然卡尔没有完全理解我的话，但还是为福兰兹先生准备了一件礼物。

当福兰兹先生接到礼物时，高兴地对卡尔说："真没想到啊，我们的小卡尔不仅才华横溢，还非常细心呢。小卡尔，你长大后一定会有成就的。"

后来卡尔问我："为什么福兰兹先生是那么高兴呢？难道他真的那么在乎那些礼物吗？"

现在许多人非常注意培养孩子的纯洁心灵而忽视他们的社会教育，这是一种偏见。我认为，让孩子尽早地了解社会，了解社会中的人，这和其他方面的教育同等重要。

我教儿子赞扬他人

爱伦威茨之所以笨手笨脚是因为没有自信心，而你对他大呼小叫，他就更加无所适从了。如果你能容忍他的失误，并不失时机地表扬他一下，他一定会做得很好的。

他人的承认和鼓励有时往往是做成一件好事的动力。在儿子成长的过程中，我经常表扬他，目的就是为了他能更好地学习或做他应该做的事。同时，我也教儿子学会怎样鼓励别人或赞扬别人以便得到他人更多的帮助。

爱伦威茨是卡尔经常交往的小伙伴之一。他的年龄比卡尔稍大一些，但在许多方面都是显得比卡尔逊色。当然，这不能表明爱伦威茨一定是个笨孩子，只是他没有像卡尔一样接受充分的家庭教育。

有一次，卡尔要想用木块搭造一座城堡。因为他的设想是要把城堡做得很雄伟，可他独自一人无法完成，便请爱伦威茨帮助。

但爱伦威茨的表现很不好，无论做什么都笨手笨脚的，不仅帮不了卡尔的忙，反而经常将卡尔已建好的部分弄坏。为此，卡尔非常气恼。

一次爱伦威茨不小心弄垮了一根柱子时，卡尔大声嚷嚷起来："你怎么这么笨啊？我刚刚修起的柱子，你就这么把它弄垮了。"

这时，爱伦威茨难过极了，再也无法向未完工的小城堡上增添一块木块。

没有了爱伦威茨的帮助，卡尔只能放弃当天完工的计划。

吃饭时，我告诉卡尔他的这种做法不正确，因为这样责备他人只会使自已渐渐失去他人的帮助。

我对卡尔说:"虽然爱伦威茨有时不那么机灵,但他是想帮你的,你应该鼓励他才对。"

卡尔说:"难道鼓励一下就能让他的笨有所改变吗?"

我向他讲解道:"爱伦威茨之所以笨手笨脚是因为没有自信心,而你对他大呼小叫,他就更加无所适从了。如果你能容忍他的失误,并不失时机地表扬他一下,他一定会做得很好的。"

卡尔似乎不相信我的说法,将信将疑地问:"表扬真有这样的作用吗?"

我笑着说:"当然。你觉得你生来都很聪明吗,这些都离不开我的赞扬和激励。"

听完我的话后,卡尔决定试试。

第二天,卡尔为昨天的粗鲁行为向爱伦威茨道了歉,并向他表示以后不再那样说他了。在修建城堡的过程中,卡尔不时地对爱伦威茨的工作给予肯定,还常常夸奖他做得好。

事情正如我想象的那样,爱伦威茨不仅不再笨手笨脚,而且还做得相当出色。

爱伦威茨回家后,卡尔对我说:"真没想到,我就是说了一两句表扬的话,爱伦威茨就像变了一个人似的。说实在的,他做得真棒!"

我笑着对卡尔说:"现在你明白表扬和鼓励有多么大的魔力了吧。儿子,你一定要明白这个道理,人都需要得到别人的肯定,有时仅仅为了得到他人的赞扬,他也会不遗余力地工作。所以,在以后的生活中,你一定要学会不失时机地表扬他人、鼓励他人,这种做法既对别人表示出你的尊重,也会使别人乐于帮助你。你想想看,仅仅说一句简单的话,对你对人都有益,我们为什么不这样做呢?"

从此以后,卡尔再也不随便指责别人了,他尊重身边的每一个人。在未来的日子里,卡尔不但尊重他人,也获得了他人的尊敬和帮助。

第七章

父母责任·千万别小瞧孩子

从小就让美好的东西成为一种本性和自觉

> 卡尔的严格要求完全来自他内心的一种力量。作为他的父亲，这正是我努力想做到的，让一切美好的、崇高的东西在儿子身上都成为一种本性，一种自觉。

卡尔一岁起，我就严格要求他。我从来不相信"小时候可以放松一些，长大后再严格要求"这种似是而非的观点。

作为父亲，我有责任和义务教儿子知道什么应该做，什么不应该做。孩子小时候，成年人对他们的影响很深，如果这时候对他们放松要求，将会在心中留下深刻的印象。等长大后再想严格要求，可能就来不及了。

儿子六岁时，我带他去另一个教区的 E 牧师家住了几天。

第二天吃早点时，儿子洒了一点牛奶。按照家里的规矩，洒了东西就要受罚，因此他只能吃面包和水。

卡尔很喜欢喝牛奶，而 E 牧师全家非常喜欢他，为了他的到来，还特意给他调制了一种牛奶，并添上了最好的点心。这对儿子是个不小的诱惑。

卡尔洒掉牛奶后先是脸稍红了一下，他迟疑了一会儿，后来终于不喝了。

我故意装作没看见。

E 牧师家的人看到这种情况很着急，他们再三劝他喝牛奶，卡尔还是没有喝，他解释道："因为我洒了奶，就不能再喝了。"

E 牧师依然在劝他："没关系，一点关系也没有，喝吧，喝吧。"

我在旁边一边吃着点心，一边仍然故意装着没看见。儿子还是坚持不喝，在万般无奈之下，过于疼爱卡尔的 E 牧师全家就开始责问我，他们认为一定是我训斥了儿子。

为了打破僵持局面，我让儿子出去一会，然后向牧师全家说明了理由。

他们听完后责怪我："对一个刚 6 岁的孩子，仅仅因为一点小过错就限制他吃喝喜欢的东西，你的教育可能严格得过分了。"

我只得尽力解释道："不，儿子并不是因为惧怕我才不喝的，是因为他内心里认为这是对自己的约束所以才决定不喝的。"

听了我的解释后，E 牧师全家还是不相信，于是我只好通过做一个试验来澄清事实。

"既然这样，"我对他们说，"现在我们来试验一下，我先离开这个房间，你们再把卡尔叫来，然后劝他喝，看他是否同意。"

说完，我就走开了。

等我离开房间后，他们把卡尔叫进屋里，诚恳地劝他喝牛奶、吃点心，但毫无结果。

接着他们又换了新牛奶，拿来新点心对卡尔说："我们不会告诉你爸爸的，吃吧！"卡尔还是不吃，他一直对他们解释："虽然爸爸看不见，上帝却能看见，我不能撒谎。"

E 牧师说："我们马上要去郊外散步，你什么都不吃，中途会饿的。"

儿子回答说："没关系。"

最后他们实在没有办法了，只好把我叫进去，儿子流着热泪如实对我讲了发生的一切。

听完后，我冷静地对他说："卡尔，你对自己良心的惩罚已经够了。因为马上要去散步，为了不辜负大家的心意，把牛奶和点心吃了，然后我们出发。"

听完我的话，卡尔这才高兴地把牛奶喝了。仅仅 6 岁的孩子就有这样的自制能力，E 牧师全家都深感不解。

很多人会认为我的教育过于严格了。我不否认，从卡尔与一般孩子的行为方式看，这种教育在某种意义上确实是很严格的。但是，这种严格并没有让儿子觉得痛苦。

因为从他很小的时候我们就开始对儿子严格教育了。对卡尔来说，这已经是一种习惯了，他并不会觉得痛苦。

孩子总学习父亲。父亲不仅是孩子最初的教师，也是他们学习的榜样。要想对孩子要求严格，首先得对自己要求严格。

我信仰上帝，即使有一天站在上帝面前，我也会这样说的。

我对儿子的严格在不自觉中已经变成了他对自己的严格要求。我时常告诫他，没有人能够约束你，只有上帝和你自己。

卡尔很小的时候，有很多好的行为对他来说都已经形成了一种自觉。比如，卡尔从来不撒谎，这并不是因为害怕我的惩罚，而是因为他内心里认为撒谎是不对的。

卡尔的严格要求完全来自他内心的一种力量。作为他的父亲，这正是我努力想做到的，让一切美好的、崇高的东西在儿子身上都成为一种本性，一种自觉。

从小让儿子形成这种美好的心灵，是我的责任。我不愿意在他幼小之时因为没有得到良好的指导而失去方向。

不要以为孩子太小就不明事理

很多父母认为孩子小小的谎言没有什么危险，甚至还觉得他们可爱，我并不这样认为。撒谎一旦成了习惯，长大后就会变成罪恶之源。

想要把孩子培养成诚实和正直的人，从小就要严格教育。

很多父母发现孩子很小的时候就开始撒谎。撒谎的原因有很多，有善意的也有恶意的。

我认为，幼儿的撒谎很多是善意的。当孩子做错事后，为了逃脱父母的责怪，他们一般会撒谎。对这种情况，最重要的是父母应该细心地了解孩子的内心世界，了解他们撒谎的原因，然后用合理的方式去教育他们。

不要以为孩子太小就不明事理，千万不要小看了他们，其实他们能够明白。

卡尔两岁时，打翻了餐桌上的一个水杯，当时我和妻子都不在场。那天我去了别的教区，只有妻子和他在一起。当时妻子正巧去了别的房间一会儿，回来后就发现餐桌被打湿了，而卡尔的水杯空了。

"小卡尔，是你打翻了水杯吗?"儿子的母亲问他。

卡尔只是摇头否认。

妻子看着他可爱的样子忍不住笑了起来，明知道是儿子打翻了水杯却没有责备他。

晚上回家后，妻子把这件事告诉了我。

我仔细想了想，觉得今天我虽然不在场，还是有必要和儿子谈一谈。

"儿子，今天你弄翻了水杯吗?"我严肃地问他。

儿子仍然摇头。

"卡尔，我希望你能说实话，无论是不是你做的，你都应该说实话。虽然我和你的母亲都没有看见，但上帝会看见的。"我严肃地说，"我和你母亲，还有上帝都不喜欢撒谎的孩子。"

后来，卡尔低着头承认是自己干的。我没有责怪他。

我知道，打翻水杯这件事本身和养成孩子撒谎的习惯比起来，简直是微不足道的。

很多父母认为孩子小小的谎言没有什么危险，甚至还觉得他们可爱，我并不这样认为。撒谎一旦成了习惯，长大后就会变成罪恶之源。一种习惯一旦形成就再难改变了，要改变也是徒劳的。

撒谎破坏了人与人之间的亲密关系，滋长了不信任，有损于互相信任的美德。说谎意味着不尊重被骗对象，与经常撒谎的人在一起生活几乎是不可能的。卡尔稍稍长大后，我就给他讲这些更深一点的道理。但在他幼小的时候，我一定会告诉他，撒谎是不对的，是会受到惩罚的。

认识卡尔的人都说他是一个诚实的孩子。我想他唯一一次撒谎就是否认他打翻了那个水杯。

以后很多的日子里，他无论做了什么错事，都会勇于承认。至今，我还没有听谁说过卡尔撒过谎。

责任感应该从小开始培养

> 我们始终让儿子充当一些有意义的角色，让他感到自己的行为对别人是重要的，同时也培养他战胜自己弱点、增长能力的信心。

说到孩子的责任心，许多人会认为：孩子那么小，懂得什么责任心？那是成年人才能够拥有的。我认为这是一个极其错误的看法。

很多的父母在孩子小的时候并没有重视对孩子责任心的培养，他们认为孩子就是孩子，对这些还不明白。然而等他长大了，对你的那一套他也不会听了，也许不等他长大就已经有满身毛病。年轻的生命被浸染得千疮百孔，后悔晚矣。

一个缺乏责任感和价值感的孩子，在社会中找不到自己的地位与重要性，就会感到迷惘，从而失去创造成就的动力，就容易被其他一些物质性东西吸引，身陷其中。

我一直努力让卡尔看到自己生活的意义，看到自己的行为能给他人带来影响，让他感到自己对他人是有用的，由此能激发出他的自豪感和责任心。随着年龄的增长与社会阅历的增加，这种责任心与自豪感也会随之增加。当然，这种责任心和自豪感的培养不仅局限于自己的家庭，但从家庭中培养出来的这种感觉却是未来这种品格形成的基础，家庭没有这种基础，就别谈对社会对其他了。

在我的家庭中，我们始终让儿子充当一些有意义的角色，让他感到自己的行为对别人是重要的，同时也培养他战胜自己弱点、增长能力的信心。

我和妻子常常有意识让儿子做一些力所能及的、与他年龄相当的事，比如适度分担一些家务，像打扫卫生、为花草浇水等等。我们与卡尔平等地交流，认为这是培养他责任心的一种方式。我们倾听他的内心，也对他谈些我们自己的喜怒哀乐。当然，谈话的内容都是儿子所能接受的。

有的人会认为："大人的事怎么有必要同孩子讲？"其实孩子的理解力是很强的，他们对外界的观察也很敏锐，只不过成年人常常忽略他们的心理而已。

我常常会听到儿子问："妈妈你看起来不高兴了？"其实这是孩子关心父母的一种表现，我们应当积极鼓励。但很多母亲却这样回答："没有不高兴。"或"大人的事，你不懂"。他们以为家里其他的事，与孩子无关。长期这样做就会给孩子留下这样的印象："家里的事与我没有什么关系，我只要不惹麻烦，安心享受他们的付出就可以了。"

我不喜欢这样的父母，他们对孩子的这种忽视只能让孩子失去本来可以培养起来的责任感。

有一次，一位十六岁的少年找到我，向我倾诉了他内心的苦恼。他说他的父亲酗酒，经常打他的母亲和妹妹们。有一天，他实在无法忍受了，就去问父亲为什么这样。可父亲说："你还来问我？你早该去挣钱养活自己和妹妹们了！"当时他很难过，因为他从来没有考虑过这个，因为小时候父母没有教育他应该怎样做。这位少年告诉我，在这之前，他只知道和别的孩子到处去玩，只是吃饭的时候才回家，也从没有考虑过父母和妹妹们的事。那天，他父亲对他说的话令他吃惊。他说，如果早有人教他应该怎么做的话，他可能现在会把母亲和妹妹照顾得很好。他说现在他觉得自己是个罪人。

多么好的孩子啊！他的天性是多么的纯良，只不过是因为没有得到很好的早期教育，而白白地浪费了大好时光。

后来，他经常来找我诉说他的内心，我也尽力帮他。现在，他已经是个非常棒的小伙子了，他娶了妻子，用自己的勤劳拯救了一个快要破败的家庭。他的努力促使父亲改掉了酗酒的习惯，让他的母亲过上了幸福的生活，并把两个妹妹送进了学校。

对待孩子，要坚持原则，言出必行

▶ 父母对自己的言行都那么草率，那么不认真，又如何去教育孩子认真呢？

我对待儿子，一贯坚持原则，行就是行，不行就是不行。对一切认真负责，会对孩子产生良好的影响。不允许的事，一开始就不允许，这样就不会给孩子带来痛苦。如果一时答应，一时又不答应，反而会给孩子带来痛苦。

我周围有很多父母们，他们对待孩子的要求总是出尔反尔，无法做到始终如一。有时行，有时却又变得不行了。久而久之，就会让孩子形成这样一种心理：父母的规矩也可以违背的。父母对自己的言行都那么草率，那么不认真，又如何去教育孩子认真呢？

要教育好孩子，父母必须对事物好坏的评判也要坚持一贯的见解，没有定见是教育孩子的大忌。

卡尔很小时，我就从细节入手，培养他良好的生活习惯。哪怕是在餐桌上，我也会对他严格要求。我告诉他，盛入自己盘中的食物一定要吃光，这样能让他懂得勤俭节约，这对他也是一种磨炼。

如果卡尔想吃水果或点心，无论它们看起来多么诱人，我也会让他先吃完饭菜，而不会因为他的要求随意通融。

我和妻子长期坚持这种正确行为，并以此来训练儿子，时间长了，儿子就把遵守适当的规则当成了自己的本分，自然而然地就养成了一种习惯。

在卡尔成长的过程中，我们还一直教育他处事要注意分寸，把握适当的度，这是我们一贯坚持的原则。我要求他诚实、守信、守时，这些都是常人应该具备的良好的基本品质。

父母言行一致、赏罚分明，就会对孩子产生良好的影响。如果你要求孩子不说谎话，你自己就不能采取欺骗的手段；如果事先与孩子定好了制度，父母就更要认真对待。

在一次散步时我遇到了一件令人深思的事。邻居史密斯太太发现女儿的裙子脏了，她立刻生气起来，开始冲着女儿大声责骂。当女儿被她骂哭后，她又马上给了女儿一小块点心。我问她："你为什么责骂女儿呢？""她总是弄脏自己的裙子。"史密斯太太这样回答。"可您为什么又给她一块点心呢？是为了表扬她的行为还是为了因为责骂她而给她补偿？"她不知应该怎样回答我，沉默了。

此时小女孩也分不清母亲的意图，她不知道母亲为什么会责骂她，更不知道挨骂后她为什么又得到了点心。母亲这种做法，让女儿无法分清是非。这样做对孩子的成长无疑是没有好处的。

我对儿子的奖与罚都不太频繁，但它们一旦实施就会让儿子深深地记在心里。我对卡尔的奖赏绝不会仅停留在物质上，而是要让他体会到奋斗与创造的真正喜悦。

我时常教育儿子，读书、培养良好的品质都是为了自己的成长，而帮家里分担一些力所能及的事情也是每个家庭成员应尽的职责。如果卡尔有相当出色的表现，我会给他一定的物质奖赏，还会带他去一个他向往的地方。

惩罚儿子，我一向讲究原则。惩罚他一次，就要让他真正能够领悟，否则惩罚便失去了教育的作用。惩罚之前，我总会给他警告，如果他依旧犯错，我会言出必行。我会告诉他我为什么要惩罚他。

我认为必须让儿子懂得他的任何看似不起眼的行为都会对他的将来产生影响。时间久了，他就知道无论做任何事都要认真，而不能马马虎虎。

我曾经对卡尔说过："你早上必须按时起床，否则我会认为你是放弃你的早餐，你要为你的行为负责。"

有一次他起床太晚，超过了给他规定的时间。当他来到餐桌前时，我们早已经把他的早餐收走了。

卡尔看着我，似乎想为自己的过失辩解，但我先开口对他说："真遗憾！我也很想把牛奶和面包留在你的位置上，但我们有约在先，我不能随意破坏它。这只能怪你自己了。"

其实，早餐本身并不是最重要的。重要的是他应该知道，我们以前的约定是认真的，是必须遵守的。

第八章

严格与技巧·什么样的

教育才不会伤害孩子

我对儿子的严格是有理可据的

> 如果注重按道理行事，以理服人，我想无论我们提出的条件是什么，孩子都
> 是乐意接受的。

我为人温和，但在对儿子的教育问题上，一直非常严格。我深知纵容只会让一个可造之才变成一块不可雕琢的朽木。

严格并不意味着强迫孩子，让他们无原则地服从，一个一味盲从的人只可能成为无能的懦夫。可以这样说，我对儿子的严格完全取决于道理。

有时候，在孩子的教育问题上，严格和专制的界限很难区分，一味的专制或苛求一定会对孩子造成伤害。相反，如果注重按道理行事，以理服人，我想无论我们提出的条件是什么，孩子都是乐意接受的。

教育儿子时，我尊重他的个人意愿。无论我想让他明白一个什么样的道理，前提是不能伤害他的自尊心。

我反对总是当着别人的面公开贬低自己的孩子。每当卡尔犯了什么错或要受到惩罚时我从不会当着众人的面嘲笑和奚落他。这样儿子便能够感受到爸爸对他的关心是出自真心。

如果我要让他必须做某件事情，我会告诉他要这样做的道理。让他明白这是他应该做的，而不是出于我们的强迫。

如果儿子在玩耍时无意弄坏了邻居的花园或踩伤了别人的草地，我会叫他主动去道歉，无论邻居是否知道。

有一天傍晚，卡尔兴致勃勃地在外面模仿古代骑士。他用一根长长的棍子代替宝剑，一个人和臆想中的强盗作战。我看见他的剑法很好，一会儿刺，一会儿砍。整个过程里，他把自己想象成一个真正的英雄。看到他这个样子，我很高兴，因为我认为这样有利于培养他的想象力，当然对他的身体健康也是有好处的。因为我说过，我不喜欢死气沉沉的生活，不希望卡尔变成呆头呆脑的所谓学者。所以对儿子的这种活泼的玩耍方式，我极力赞成。

忽然，他"呀"地叫了一声，随后愣在了那里。原来，在"激战"中，卡尔一"剑"砍去，将邻居花园中的一束花砍倒在地，花瓣和枝叶坠落在地上。我冷静地在暗中看着这一切，想知道卡尔会怎么处理这件事。

卡尔发现邻居家并没有人出来。当然，他也不知道我在暗中观察着他。正当他转身想逃跑的时候，我叫住了他。

"卡尔……"

此时，儿子知道这件事已经无法隐瞒，他慢慢地向我走来。

"你知道你犯了什么错误吗？"

"知道。"儿子小声地回答。

"那你应该怎么办呢？"我严肃地问他。

"不知道。"儿子低下了头。

"卡尔，听我说。你应该立刻去敲邻居的门，向他们道歉。"

"可是，我并不是有意的。"卡尔似乎在辩解，他并不知道为什么要那样去做。

"卡尔你要知道，很多人都是在无意中做下错事。但错误一旦酿成，就得为自己的行为负责。虽然邻居没有看见是你干的，但他们确实受到了伤害。你应该去道歉，你不能伤害了别人就不负责任地逃开。你不是在扮演古代的骑士吗？骑士是勇敢的人……"

"哦，我明白了。"卡尔像一个真正的骑士那样敲开了邻居的房门。

第二天，我碰见邻居。邻居根本没有提起花被损坏的事。他只说了一句话："威特牧师，您儿子是个诚实的人。"

英雄骑士是卡尔崇拜的对象。我用骑士来激励他，让他知道向人认错没有什么可难为情的，也让他明白，无论是有心还是无意，只要是自己犯下的错，就得对自己的行为负责。在这种情况下，我没有冲着儿子去斥责他。那样不仅惊动了邻居也会伤害儿子的自尊，并且还会有可能把事情弄得无法收拾。

很多的父母误将对孩子的严格教育和专制混在一起，总是在无意中让自己变成了暴君而让孩子成了唯命是从的懦夫。他们用简单粗暴的方式对待孩子的错误，结果不但不能让孩子正确地认识自己，反而让孩子对父母甚至对所有人心生怨恨。

我曾经听说过这样一件事：有个孩子非常喜欢家里养的一只羊，他时常独自一个人牵着羊去山坡上玩耍，每当他看到心爱的羊吃着山上的嫩草就感到快乐。在孩子幼小的心灵中，那只羊是他最好的朋友，他把自己听来的故事和幻想都讲给羊听。他觉得和羊一起在山坡上晒太阳是最幸福的事。

可是有一天，孩子躺在山坡的阳光下睡着了，梦中也都是他和他的羊待在一起的情境。当他醒来时他发现羊不见了。以前他从来没有遇到过这种情况，因为他的羊总是不会走得太远。孩子焦急地找遍了整个山坡，仍然没有找到。他觉得非常害怕，因为他担心他再也见不到这个最心爱的伙伴了。

天快黑了，他赶紧跑回家。他想把这件事告诉父亲，请他帮助找回羊。可他没有想到，他的请求换来的只是一顿暴打。当父亲听说羊不见之后，不问青红皂白举起棍子就向孩子打过来。孩子被无情地打得鼻青脸肿，额头也流出了血。

"我只有这只羊，不把它找到就永远别回来……"说完，父亲就把他推出了门外。

孩子难过极了。

他独自在黑暗的山坡上奔跑。他越跑越觉得委屈，父亲为什么会打他呢？他比谁都不愿意失去这只羊。"羊不见了，我也很难过啊！""为了羊，父亲叫我永远不要回去，难道在他眼里我还不如一只羊吗？"

不久，孩子看见远处有个小白点。当他走近时，他看见了那只羊。它正在悠闲地吃着草呢。

这时，受到父亲粗暴打骂的孩子一反常态，他没有像往常那样跑过去抱起这只羊而是举起了一块大石头。

"就因为你……因为你父亲才会这样对待我……"他一边哭，一边将石头向羊身上砸去。

第二天，人们在山坡的一块岩石后发现了那只已死去的羊。而那孩子也永远没有再回家。

我们可以想象，那个孩子心里当时有多么的痛，他亲手杀了自己最心爱的朋友。

父母的粗暴和专制在孩子身上留下的阴影将永远不可磨灭，这种阴影会让一个本来善良的孩子变得残忍。

不能错误地批评孩子

▶ 我从不错误地批评他，而且每一次我都会让他从内心接受我的批评。

对我教育儿子的方式有了一定的了解后，诸位一定会发现我喜欢采用激励和赏识的方式。我常常借此来培养卡尔的自信心，激发他在各方面的兴趣。当然，和大多数父母一样，我也会批评儿子。

小时候卡尔也常常会犯很多错误，我也会因此而批评他。但我可以肯定地说，我从不错误地批评他，而且每一次我都会让他从内心接受我的批评。

教育卡尔时，我喜欢仔细观察他做事的一举一动，以便对他了解得更加全面。如果遇到了某种事情，我不得不批评他，我总是尽量先弄清他做事的原因。

比如，有时候我发现儿子对学习的兴趣突然大大下降，要知道，卡尔一直是非常喜欢学习的，每当出现这种情况，很容易就引起我的注意。遇到这种情况，我首先想到的不是"这个孩子不勤奋学习"，而是"他遇到了什么问题或不愉快的事吗？"

这时，我并不是马上去指责他，总是寻找合适的时机和他耐心长谈。有一次我发现他捧着书本保持一个姿势很久，看起来他似乎在学习，事实上他很久都没有翻动一页，只是坐在那里出神。

等到了他休息的时间，我对他说："无论做什么事都要专心致志，只有集中精力才会有很好的效果，如果不能集中注意力，花再多的时间也只是一种浪费，是在浪费自己的生命。"

卡尔看着我小声地说："爸爸，您也注意到我学习时走神了吗？"

"是的，我认为你是个很好的孩子，自从我教你认字以来你一直对学习有着浓厚的兴趣，今天为什么走神了呢？儿子，告诉我，是你忽然对学习不感兴趣了吗？"

"不，爸爸……"卡尔想了很久后对我说，"我当然觉得学习很有趣，当我慢慢地掌握了那些知识后我真的感到幸福。"

"但今天的情形是怎么回事呢？"我不解地问道。

"只是……只是……"

"只是什么呢？告诉我吧，亲爱的。"我想，卡尔心里一定出现了什么问题，只是他不知道如何去面对。

"只是我今天突然想到，我学到那么多的东西到底有什么用呢？"卡尔说出了他的心里话，"我在想，学习木匠活可以做家具和建造房屋，学铁匠活可以制造炊具和农具，但我学了那么多的语言和诗歌能做什么呢？仅仅是为了好玩吗？"

他的回答，让我觉得非常欣喜，因为这意味着卡尔已经开始思考更深的问题了。

我想这是对他加深教育的一个好时机。

"卡尔，你能这样想我很高兴，因为它表明你学会了思考。"我首先肯定了他的这一行为，然后再尽力去帮助他解开心中的疑惑。

"首先，知识是力量的源泉。如果你没有起码地对力学的理解，你怎么会知道建造一座房屋到底需要多少的木材去支撑它呢？如果没有数学，你怎么计算需要多少材料？你怎么知道哪一种设计最合理？如果你没有审美知识，怎么能建造出美的东西呢。你永远也无法做到，只能天天面对着木头发呆，恐怕连自己也会变成一块木头呢！"我尽量将这些道理说得活泼有趣。

卡尔听到这里"吃吃"地笑出声来。

"如果铁匠不懂得把铁块烧红后才能让它变形，他怎么能做出那些炊具呢？这里面就有物理知识，一个铁匠如果连这个都不懂，他可能会被那些大铁块逼疯的，说不定还会用牙去咬它们呢!"我做了一个用牙咬的动作，"你猜猜会有什么结果?"

"他一定会把牙咬掉的……"这时卡尔哈哈大笑起来。

"卡尔，好好记住。诗歌、文学、绘画、音乐、哲学，是人类智慧的产物，是世界上最美好的东西。还有语言文字，只有人才会掌握它。为什么我教你各种不同的语言呢? 我并不想让你成为外交家或是翻译，只是想让你能够更好地理解不同国家、不同地域的文化。

"你说你喜欢但丁，如果你不懂意大利语，你怎么能够真正理解但丁呢?那些美妙的诗句，你只有用他本国的语言才能够更好地体会。

"更重要的是你在学习中体会到了快乐和幸福，这也是你自己说的，难道这些还不够吗? 一个人有了快乐和幸福，他还有什么不满足的吗?"

听到这里，卡尔眼睛中散发出喜悦的光芒，他心中的疑团完全解开了。

我认为，儿子之所以能够学有所成，关键在于他自己有着求知欲而且他能够体会到学习的快乐。作为父亲，面对孩子的疑惑应该耐心地帮助他解答。如果对孩子的行为，不去思考而是片面地理解，不但不能对孩子有所帮助，反而会产生负面影响。

我们假设一下，如果卡尔学习走神的时候，我不去关心和帮助他，而是采取责骂的方法，就会出现与上面不同的情况:

卡尔捧着书坐在那里出神。我发现他只是装装样子，并没有翻动一页书。

"卡尔，你这小混蛋，你在做什么?"我冲上去给他一耳光。

"我在看书……"卡尔被我的粗暴吓呆了，吞吞吐吐地撒了个谎，虽然他本不想这样。

"胡说，你还想骗我。"我冲着他大吼起来，"你不知道学习时走神是不对的吗?"

"……"卡尔无法回答。

"没听见我的问话吗? ……为什么不说话?"

"我……我在想……"卡尔本想对我说他的想法，但这时已经说不出话来。

"你想什么？你以为学习的时候想这想那正确吗？"

"我在想学这些东西有什么用。"卡尔鼓足勇气表达出他的想法，"铁匠能够制作农具，木匠能够修房子，学这些语言和文字有什么用呢？"

"你的想法让我觉得悲哀。"我又给他一耳光，"当然，如果你甘愿靠体力吃饭，我也没有办法，我的努力算是白费了……"

"可是，我不懂……"

"哪有这么多不懂？学习就够了。"

这样对待儿子的父亲是应该被打下地狱的，我庆幸自己并没有这样做。

这种做法既失去了一个教孩子的良机，也伤害了孩子的自尊心，糟糕的是会给孩子留下极恶劣的印象。会让他觉得学习是一件可怕的事，学习的目的就是为了讨好父亲。

这样的教育，怎么能够培养出很好的人才呢？甚至还会挫伤孩子的求知欲，哪里还能指望更多呢？

我认为，一个人如果变得自私、凶恶、虚伪、懦弱，很大部分源于这种极为低劣的教育。或者说，这根本谈不上是什么教育。

绝不能伤害孩子的自尊心

> 在对儿子的严格教育中，我非常重视孩子的自尊心，因为我知道自尊心对一个孩子的重要性。在任何情况下我尽量做到不伤害他的自尊心，无论是有意还是无意都是如此。

我对卡尔的要求很严格，大多数情况下总把他当一个成年人看待。有些父母会以严格为借口苛求孩子，损伤了孩子的自尊心，这是令人痛心的。

严格教育当然是为孩子的前途着想，但严格应该有个限度，无论如何也不能伤害孩子的自尊心。因为当孩子的自尊心受到了伤害之后，他很快地便会成为一个懦弱无能的人。

我曾认识一位父亲，他对孩子的教育可以说是尽心尽力。他处处为孩子着想，对孩子的衣、食、住、行也尽量提供最好的条件，学习上更是如此。无论是书本、学习资料，还是学习用具，他都给孩子买最好的。然而，在为孩子创造如此优越的成长条件时，他却忽略了更重要的一点，那就是培养孩子的自尊心。

他始终把孩子当成不懂事的人，任何事情都武断地替孩子做主，既不信任孩子，也不鼓励孩子相信自己。他对孩子很多要求都会禁止，有时甚至是把孩子当作坏人对待，常常监视孩子的一举一动。孩子在父亲的压力之下，渐渐失去了做人的信心，总认为自己是个只会犯错误的低能儿，到后来，这个孩子的自尊心一点也没有了。

在对儿子的严格教育中，我非常重视孩子的自尊心，因为我知道自尊心对一个孩子的重要性。在任何情况下我尽量做到不伤害他的自尊心，无论是有意还是无意都是如此。

他很小的时候，无论是在生活还是在学习方面，我尽量把他当作一个成年人对待。

在吃饭时，我从来不以世俗的所谓的"规矩"来约束卡尔，而是一边吃饭一边和他聊天，讨论饭菜的味道，或谈论一些当天的见闻。

一般人会认为吃饭时应该温文尔雅，要有所谓的绅士风度。对此，我并不赞成，说实话，我很讨厌它。

吃东西是人生的一大快乐，为什么非要用一些不必要的规矩来约束自己呢？

我们家的餐桌永远是愉快的，对那些繁文缛节我并不是太在意。吃饭时过于随意有时会带来一些麻烦，比如打翻盘子什么的，但我认为即使让餐桌一塌糊涂也比将用餐变得死气沉沉要好得多。

有的家庭，吃饭时不让孩子说话，父母严肃得吓人，让孩子感觉到吃饭就像是在受刑似的。要么就在饭桌上把孩子的缺点全部翻出来，对他进行各式各样的批评。孩子不仅不能得到吃饭的乐趣，还伤害了他的食欲，更加重要的是让他自己觉得自己一无是处，产生强烈的自卑感。这样的父母，让孩子时刻处在畏畏缩缩、低人一等的状态中，那么他还会有什么自尊心呢？

有些父母，为了让孩子容易管教，故意让孩子畏惧自己，而不是把孩子当成一个平等对象来对待。他们让自己像一个君主，孩子像一个奴仆，这样只会让孩子变成一个懦夫。这样的父母，是正在把孩子造成一个失败者。一个懦弱者想在这个社会里获得成功是非常困难的。在我家，儿子不仅是我的朋友，也是他母亲的好朋友，并且和家里的用人也是好朋友。我们互相尊重，平等相待。

孩子的很多问题是不合逻辑的。但仔细想一想，我们懂得的其实也并不是太多。所以不论孩子提出什么问题，决不应该嘲笑。不但不应该嘲笑，而且应该亲切地予以回答。如果父母嘲笑他，他会因害羞而不再提出问题。提问是孩子获取知识一个很好的途径，应充分利用它向孩子传授知识。如果遇到自己不懂的问题，我们可以问问别人，也可以经过研究之后再给他耐心地解答。

父母不应该欺骗孩子，一个经常受到欺骗的孩子很容易变得不知羞耻，变得粗暴，或是居心不良。因为小时候受到父母的戏弄，长大后成为罪犯而入狱者大有人在。我不但不欺骗儿子，也不会随便应付他。我总是认真对待有关他的一切。

我从来不欺骗卡尔，也不会欺骗任何一个人。因为欺骗是一种罪行，是上帝所不允许的行为。

如果欺骗了孩子，一旦他明白了自己受到欺骗，就很难再信任自己的父母。失掉了孩子的信任，其后果是不堪设想的。欺骗孩子，孩子也会学会欺骗他人。

有一次，一位父亲自豪地对我说："我的儿子将来一定会成为一个大政治家。"当我问他为什么时，他说："前天，我儿子把他母亲放在碗橱里的菜吃了，把剩下的抹到猫的嘴巴上。"

这样的父亲，我认为是不可救药的。他儿子的欺骗行为肯定都是从他那里学来的。

很多父母把孩子视作玩物。认为孩子这也不能做，那也不能做，一切都替他们包办了。结果让大多数孩子对自己的能力缺乏信心。卡尔很小的时候，妻子就耐心地教他怎样给妈妈扣纽扣。尽管他不会扣，浪费了时间，但是妻子认为这是对他必要的教育，所以她显得很有耐心。我认为这益于儿子锻炼自己。

让儿子从小时给母亲扣扣子，除了练习手的动作外，还培养了他帮助他人的观念。为此，妻子还教儿子自己穿鞋、穿衣服。即使很忙，她也要花点时间教儿子自己穿脱衣服，因为这是对孩子的教育。

有些父母对孩子过于溺爱，把孩子当作宝贝，怕他跌倒摔伤就不让孩子尽情地玩耍，孩子就失去了锻炼身体的机会。怕用坏了脑子而不对孩子进行教育，不让孩子读书，这都是愚蠢的做法。这种方法只能使孩子成为一个什么都干不了的废人。

还有一些父母为了让孩子听话，总是用恐吓的故事去吓他。这样会使孩子满脑子充满恐怖的故事，一旦他们承受不了，就会造成精神错乱。相反，我们应当让他们知道世界上没有什么可怕的东西。孩子信任父母，因而父母说的话他们都信以为真。所以，只要父母注意引导，孩子就不会怕黑暗等，用恶魔和幽灵等吓唬孩子是非常有害的。由于有这种错误的教育方法，世上有许多人终生怯懦、胆小怕事。

我给卡尔讲很多故事，有时也讲神话故事，但我总会给他强调神话故事不是真实的，是人们幻想出来的。所以我常常会选一些光明的、积极向上的英雄故事讲给他听，目的是想通过这些故事教会他一些人生道理，比如勇敢、坚强、自信等等。

我认为家庭应该成为孩子的乐园。但是，这并不意味着对孩子放纵。家庭应该是爱与欢乐的殿堂，孩子应该在家庭的关怀下健康地成长。从小就应该让他们在家庭中树立起做人的信心，而不是因为不当的教育使他们失去最重要的自尊心。

第九章

游戏与择友·如何教
孩子玩和选择朋友

游戏仅仅是游戏

你们是孩子，不能把握好游戏的分寸。你要知道，游戏仅仅是游戏，不能真刀真枪地干。如果有一天你们真正上了战场，敢和敌人去拼，才算真正的英雄。

一个成人显得狡猾、放纵、不能自制，大多是因为从小家教不好。

过度放任会让孩子在选择玩伴时不加选择，从而有可能沾染上各种坏习惯，有时还有可能学会一些坏毛病。我常常看到一些没有管束的孩子们聚在路旁赌博，或是打架，或是相互说着脏话。很多次，我都试着劝说这些孩子，甚至动手去阻止他们。

每当看到这样的情景，我都感到非常痛心。本来他们可以接受很好的教育，成为有礼貌、有常识的孩子，可他们并没有那样。

这些孩子很不懂事常常互相抛扔石头，结果造成流血、受伤，甚至眼睛被打坏而致残，这是多么可怕的事！即使是抛雪球，有的孩子也会选那种像石头一样硬的冻雪块，故意让对方受到伤害。

我看到瞎眼睛、缺鼻子、少指头、坏了脚的孩子时，究其原因，大都是在玩耍中受伤所致。这时常让我觉得很恐惧。

卡尔曾经和一群小伙伴玩耍，当我发现那帮孩子非常粗野时，便再也不让他和他们在一起了。我并不是说这些孩子自身有什么不好，因为孩子毕竟是不懂事的，如果没有大人的适当引导，他们经常会做出一些傻事。

安迪是一个健壮的男孩，俨然一群小孩子的领袖。他有威信、聪明，而且有非常强的组织能力，他经常带着那些比他稍小的孩子玩打仗的游戏。

或许安迪天生就有这种才能吧，他把自己的"军队"管理得井然有序。但是有一天，这位"英雄"终于被"敌人"打倒了。

那天，安迪将小伙伴们分成两部分玩城堡的游戏。安迪带领五六个小朋友守城堡，另外的几个人扮作攻城的敌人。

安迪挥舞着他的宝剑——一根木棍，英勇地站在一辆拉货的马车上。他一手叉腰，一手拿剑，将一只脚踩在高大的马车轮上，口中命令自己的同伴："把敌人打下去……"显出一副大英雄的气派。

当时儿子卡尔也在其中，他和安迪并肩作战。"敌人"将石块、树枝向他们猛烈地投掷过来。安迪用"宝剑"把它们一个个地打翻在地。

"一定要守住城堡。"这是安迪和伙伴们一致的想法。可是敌人的冲锋越来越猛，他们终于抵挡不住了。

敌方中的一人，可能是他们的领袖，冲到了马车上，趁安迪不注意时向他的背部狠狠地踢了一脚，安迪"啊"地叫了一声，从马车上栽了下去。

当时，我正在家中接待一位客人，正在和那位远方来的客人谈论教育孩子的问题。卡尔却慌慌张张地跑回了家，还没进门便惊惶地大喊：

"爸爸，不好了……出事了。"

从儿子的表情上看，我知道一定发生了不同寻常的事。

在儿子的带领下，我和客人匆匆地赶到出事的现场。那种情景让我终生难忘，连我的客人都惊恐万分。

当安迪从马车上摔下去的时候，正好踩在一把放在地上的镰刀的木柄上，更巧的是那把镰刀从地上弹了起来，刀锋正好插进安迪的大腿里。

安迪倒在地上，痛得大喊大叫。孩子们没有谁敢去取下镰刀，是的，那太恐怖了。安迪的腿上全是血……

"安迪真是个大英雄。"事后卡尔这样说。

"儿子，你真的以为他是个英雄吗？"

"是的，他为了保护城堡才受的伤，他表现得很勇敢。"卡尔的眼睛中流露出敬佩的目光。

"不，儿子，安迪的做法不叫英雄；至于把他从马车上推下去的那个孩子，则更无知。"

"爸爸，您不是说过做人应该勇敢吗？安迪不勇敢吗？"

这时，我发现孩子是多么的单纯，他们分不清哪些是应该做的，哪些是不应该做的。

"儿子，今天你们在做什么？"

"我们在玩攻城堡的游戏。"

"对了，那只是一个游戏。那不是真正的战斗。"我抓住"游戏"这个字眼开导他，让他分清什么是真，什么是假。

"卡尔，我知道你们都喜欢那些英雄，可是，英雄并不意味着鲁莽，也不意味着不计后果的鲁莽拼杀。"

我抚摸着儿子的头，仔细地给他讲一些道理。

"你们都是好伙伴，如果只是在玩游戏，为什么要真打呢？这种打仗的游戏很容易把朋友变成敌人。你看，安迪很有可能会永远记恨把他推下去的那个孩子，说不定安迪还会去找他报仇呢。我不希望让你和你的朋友们心里面产生仇恨，仇恨会产生邪恶。"

"可是安迪的确很勇敢啊。"卡尔还是没有懂其中的道理。

"我相信他是个勇敢的孩子，也很聪明。但如果仅仅这样打杀会有什么结果呢？今天被镰刀砍伤腿，明天可能会被石块打坏眼睛，后天又会摔断手臂，会有什么好结果呢？一个负伤累累的孩子，长大后什么也干不了。如果他想当一个将军，从现在开始就应该懂得保护自己。一个缺胳膊少腿的人，怎么能够去领导军队打击敌人？

"你们是孩子，不能把握好游戏的分寸。你要知道，游戏仅仅是游戏，不能真刀真枪地干。如果有一天你们真正上了战场，敢和敌人去拼，才算真正的英雄。"

"爸爸，我懂了。"

孩子们在游戏中受到的伤害来源于他们的无知。如果父母不能细心地对他们加以开导，结果往往是极为可怕的。

我时常告诫卡尔，不要去参与那些孩子们的斗殴打架，那种伤害比玩游戏中受到的伤害更加严重。它伤害的不只是身体，而是会在孩子幼小的心灵中留下不健康的阴影。

天下没有什么比在孩子的心灵中产生仇恨更加可怕的事。仇恨能让一个人虐待他的父母，蔑视周围所有的人，也会加倍让他陷入孤立无助的境地。

有些孩子由于没有得到正确的家庭教育，不懂得是非善恶。由于童年时父母没有对他们加以良好的引导，他们闲散、无聊，不知道世界上有许多美好的东西，不知道读书，不知道书本的魅力，更不会从文学、艺术中得到快乐。

缺乏正确的引导，他们怎样去度过本应该美好的童年呢？有的孩子成天无所事事，有的孩子以打架和欺负别人为乐，有的沉浸在邪恶的赌博之中。对这些孩子，我丝毫看不到他们有什么美好的前景。

这些孩子是不幸的，因为他们没有受到父母的良好教育，没有一个良好的家庭，让他们度过一个有意义的美好童年。

有人会说，孩子的性格和才华都是天生的。他们经常说："我的那个孩子坏透了，简直不学好，怎么教他都没有用。"每次听到这样的说法，我觉得十分悲哀。你自己都不相信自己的孩子，弱小的孩子还会有什么好的发展呢？

我可以毫不客气地告诉这样的父母：你们不配为人父母。孩子本身是好的，他们的一切过错都归结于你们。

由于上述的各种原因，我严格要求卡尔对同伴的选择。我尽力将他和那些有相同爱好的孩子组合在一起，他们在一起可以就某个问题进行探讨，可以相互学到一些好的东西。

我经常看到卡尔和某个孩子一起朗诵诗歌，扮演某个戏剧里的角色，有时还会为某个问题进行争论。每当这个时候，我绝对不会去打扰他们，并为此而感到欣慰。

儿子和玩伴之间的矛盾

我发现儿子在很多情况下为了说服女孩们而开始撒谎，他们的争论已经超出了问题本身。为了获胜，儿子开始不择手段，甚至编造一些故事来欺骗她们。

一般人认为，孩子一定要和小朋友一起游戏。否则，孩子就会感到生活无趣，以致情绪低落，性格孤僻。

我并不是这样想的，但屈服于大多数的压力，我也有些妥协。最后和妻子商量，相继选了两个小女孩做儿子的游戏小伙伴。

可自从卡尔和小女孩一起玩游戏后，并不任性的他开始变得任性起来，从不说谎的他也开始说谎了，甚至开始使用一些粗俗的语言，变得自以为是和傲慢了。这种变化让我担心。

我观察了儿子与两个小伙伴玩耍时的情形，发现这两个小女孩什么事都顺着他，因此才让他有了上述的一些转变。

为此，我告诉小女孩们，不要什么都听卡尔的，如果卡尔自以为是，就跟我们说。但这样还是于事无补，最后我们不得不放弃让她们和卡尔一起玩耍。

为什么会这样呢？事后我仔细地分析了其中的原因。

首先，她们都是受过良好教育的孩子。也许有人会认为她们都受过好的教育，相互之间会有一些好的影响才对。其实人都有好胜之心，更不用说孩子了。

两个女孩子都会唱歌跳舞，卡尔也会，这里就有一个谁做得好的问题。每当两个女孩翩翩起舞之时，卡尔总会在旁边指手画脚，说她们这个动作不对，那个姿势不好看。这时女孩子们就会请他也来表演。卡尔会毫不客气地跳起来，由于他是男孩子，他的动作有些硬，不像女孩那样柔美多姿，这时女孩子们又会说他的舞姿太难看了。

就这样矛盾开始产生了。

结果是，儿子和女孩们展开了激烈的争论。如果是争论其他的问题还好一些，但对舞蹈他们各有不同的观点。儿子说舞蹈应该有力，女孩子说跳舞就应该优美。

由于他们掌握的知识和词汇都有限，争到后来，就看谁的速度快、谁的声音大了。卡尔是个男孩子，他语气强硬，往往会让女孩们在争论当中认输。即使她们心中不服，也找不到说服卡尔的理由。

卡尔的胜利完全是凭气势压倒了对方。这样就会让他觉得女孩子是不如他的，他的优越感由此而产生。可是实际上他没有明白，自己的获胜并不是他在知识方面胜过她们。

在这种错误的感觉中，他变得自以为是，认为自己什么都懂了。

而且，由于在争论中屡屡获胜，儿子渐渐地开始轻视同伴，认为她们的智力不如自己。

我发现儿子在很多情况下为了说服女孩们而开始撒谎，他们的争论已经超出了问题本身。为了获胜，儿子开始不择手段，甚至编造一些故事来欺骗她们。

两个女孩和卡尔一样，都是年幼的孩子，她们的知识都很有限。单纯的孩子很容易被欺骗的，潜在的危害也就随之而来。

一方面，卡尔从一个不撒谎的人变得像一个骗子，他的欺骗不是为了金钱或其他的什么东西，仅仅是为了在争论中获胜。这会使他觉得欺骗可以帮他得到他想得到的一切，这种恶习会危害他的将来。

另一方面，两个女孩子成了受害者，她们从卡尔那里得到了错误的知识。这也会对她们的将来产生不良影响。

由于卡尔本来就有一定的知识，加上他的气势以及撒谎的伎俩，这样在任何情况下他都能占上风。

如此，卡尔就让两个女孩佩服得五体投地。最后，她们干脆什么事都听卡尔的，什么都顺着他。

到了最后，卡尔就觉得可以随意指使她们，还常骂她们太蠢太笨，一些低俗的语言也就由此而出了。

如何没有小伙伴也不会失去童趣

> 做父母的如果能理解孩子的心理需求，乐意陪孩子一起玩耍，孩子同样会感到高兴，并且这也是有益的。

童年没有小伙伴，是否就意味着孩子会失去童趣呢？

我认为这是不可能的。认为孩子不同别的孩子玩就失去了乐趣，这是非常错误的想法。的确孩子们在一起玩耍，他们能更加自由自在，想说的就说，想做的就做，这也是他们喜欢的方式。习惯上人们就是把这些叫作孩子们的乐趣。

然而我们过度依赖于这种乐趣，过分地强调在某种程度上实际上是父母想推脱与陪伴孩子的责任。

做父母的如果能理解孩子的心理需求，乐意陪孩子一起玩耍，孩子同样会感到高兴，并且这也是有益的。因为这种玩耍不会让孩子养成任性或是自以为是的坏习惯，不会让他们品质变坏，也不会沾染上各种恶习。

让孩子们一起玩，即使对方是品质好的孩子也会有不利的一面。这一点从前面的例子中可以看出来。如果是坏孩子，害处就更大了。

好孩子的好习惯如果能传给坏孩子，这当然是一件好事。遗憾的是，这种事根本就很难发生，多数情况下只有坏孩子的坏习惯很快会影响品质好的孩子。

为什么会这样呢？这是因为学习好习惯需要不懈地努力和自我控制，而坏习惯却无须任何努力很容易就会沾染上。

从这个意义上说，有人认为学校正是孩子的恶习集中的场所，这种看法有一定的道理。尤其在一些学生品质不好的学校，这种情况会更加严重。很多家庭缺少在家里学习的条件，因此，作为学校一定要尽最大努力来注意这一点，对学生的游戏要进行严格监督。

很多父母认为孩子必须和小朋友在一起才能高兴，事实上父母能陪孩子玩，可能更是孩子喜欢的事。有很多父母都忽略了这一点，他们总借口自己太忙或找来其他什么理由轻易地推脱与孩子一起玩耍的责任。

我时常这样想：父母的身体是孩子锻炼身体最好的工具，父母的肌肉可以给孩子补充力量。不是有很多小孩子喜欢在父母的身上爬来爬去吗？这可能是孩子最早的体育锻炼。

父母的面容和声音让孩子着迷，父母所做的事情和用的东西让孩子惊奇，父母对孩子的关心和帮助就是孩子最好的娱乐。

卡尔小时候很喜欢围着他的母亲转来转去，他对母亲使用的那些东西都很好奇，因为孩子对任何物品都会产生新鲜的感觉。

在儿子几个月大的时候，他经常去摆弄一些杯子、盘子、木勺、小锅、锅盖等等。因为他不会使用，他关心的不是这些物品的作用，而是它们的色彩、形状、重量和手感等。他还喜欢纸张、书本，这些都是他最好的"玩具"。

孩子非常渴望父母跟他一起玩游戏。为人父母，应该有这种心情和精力。有的父母不明白这一点，要么拒绝孩子的请求，要么随意中断正在进行的游戏。这样不仅影响了父母与孩子之间的情感交流，还打击了孩子参与游戏的积极性。

父母应该积极参与孩子的游戏，这样做有利于孩子体验和认知他人生活。父母应该经常提醒并鼓励孩子观察日常生活，了解各种人物的活动，特别要让孩子观察父母本身的生活。

父母要有意识地让孩子也当当"爸爸""妈妈"，让他们感受一下当父母的滋味。尽管这种滋味是粗浅的，但千万不能忽视它，它对孩子的成长非常有益。孩子会从中体验到父母的辛劳，能加深对父母的理解。

在教育儿子的过程中，我常常感到在这种游戏之中，父母不仅是一个角色，而且是指挥，要担当指挥行动的重任。

如果孩子违反了游戏规则，父母要注意提醒他，但千万不要让游戏半途而废。否则，会极大地打击孩子对家庭角色游戏的积极性，产生严重的后果。

可以这样说，卡尔之所以能够健康成长，并有了今天这些成就，在很大的程度上都归功于我们与他一起玩的过程。我并不想自夸，但这就是事实。

不同年龄的孩子，"玩"对他的意义是不同的，"玩"的方法也是不停变化的。"玩"不仅仅在于"有趣"，而且通过"玩"，孩子可以学到更多的东西，发现许多他认为觉得神秘的东西。玩可以充分调动孩子身体的各个部位，有利于发展他的各个感觉器官，可以开发孩子的智力和创造力。

在儿子成长的过程中，他的一举一动我都注意观察。我发现，对他来说，玩并不仅仅限于游戏，吃、喝、拉、撒、动，甚至睡觉也是一种玩。

在儿子有兴趣的时候，我总会让他玩得尽兴并开心。

做父母的都知道，玩是孩子的天性。但是很多人对怎么玩、玩什么认识并不清楚。很多孩子"玩"得很盲目，为玩而玩。如果是这种情况，本来可以从玩当中开发出来的智慧和能力，都会被白白地浪费。我们应该明白，孩子不能为玩而玩，而是要玩得有意义。

孩子的潜力是无限的，这一切依靠父母的引导。

孩子在玩的时候，充满了积极性、主动性。他们的大脑在飞速地运动，思想在不断闪出火花，这对培养孩子想象力和创造力及其他各种能力大有裨益，而这些是其他方法难以做到的。我们知道，"玩"有生活的影子，但绝不是照搬，孩子会根据自己的认识和理解去改造生活。父母不应用条条框框去限制它，只有这样孩子的创造力才能够得到充分发挥。

玩也是一种运动，通过玩，可以增强孩子的体质，可以协调孩子的动作，可以振奋孩子的精神，可以调节孩子的情绪。但是，在玩的过程中，父母应该给予良好的指导，否则就会发生前面所讲的种种不良问题。

父母和孩子玩的时候，一定要仔细去观察他，尽量去了解他的内心世界。即使孩子很小，也应该这样做。

人们通常会以为几个月的孩子太小，他们什么都不懂，这是大错特错的。

在卡尔五六个月时，我就发现他也有自己的情绪。情绪好时，他浑身是劲，那些翻来滚去的游戏玩起来也很尽兴。他似乎从中感到了自己的力量，并且慢慢地学会控制自己力量的能力。情绪不好时，他表现得浑身没劲，如果此时父母再让他玩这种游戏，他会觉得不舒服。

在做游戏的时候，孩子的适应能力、反应速度比父母所想象的要慢得多。父母陪孩子玩的时候，要根据孩子的反应速度来进行，否则，孩子会心有余而力不足。父母必须顺应他的反应，要有耐心，否则就成了父母自己的游戏，卡尔很小的时候我就发现了这一点。比如我和六个月的卡尔说话，如果我不断地讲，或稍稍停顿再继续下去，他是完全弄不懂的。又如我递给他一个好玩的东西，要等较长的时间他才会伸出手来接。这时，我必须耐心等，直到孩子伸手来接，而不是把东西直接放在他的手里。如果我亲吻了他一下便马上转身离开，那么他就不会感到有趣，他可能很想给我一个微笑，但我没有给他足够的时间。要跟孩子玩，就应该给他足够的时间。

我认为，孩子的大部分时间最好在父母身边或是离父母较近的地方度过，这样，孩子可以经常得到父母的关爱，也可以不断交流感情。否则，孩子会感到孤独厌烦，有一种不安全感，父母应该尽量避免这种情况的发生。为了避免这种情况，可以把孩子带到父母做事的地方去，叫他临时在那玩。对于卡尔，我和妻子经常鼓励他参与我们所做的事，我们发现这也是他自己乐意去做的。

比如我在用水时，儿子很想玩，我就让他积极参与。有时卡尔还会帮助母亲扫地、洗碗。这些简单的劳动在他那里都变成了游戏。

每个孩子都是一个独特的个体，他们的适应能力是不相同的。在游戏时最好既能引起他的注意力和兴趣又不至于吓着他，这样才是适合的。有的孩子荡秋千时开怀大笑，有的则吓得大喊大叫；有的对催眠反应灵敏，有的则毫无反应。因此，父母要善于了解自己的孩子，看他的反应能力更适合哪种游戏。

发现孩子的个性是父母的素质。

　　在教育卡尔的过程中，我尽力让他能有一种快乐的心境。我能理解孩子的心情，同儿子一起玩耍时，我和他都从中得到了无穷的乐趣。可以这样说，虽然卡尔的童年几乎是和我——他的父亲，一个成年人度过的，但他一直保持着孩子天真的童趣。

让孩子远离行为不良的朋友

> 如果不加选择地让孩子们在一起玩，他们就互相逞能，有可能变成利己主义者，结果沾染上诸如此类的坏品质：狡猾、虚伪、说谎、任性、嫉妒、憎恨、傲慢、说坏话、争吵、打架、诽谤、挑拨等等。

作为成年人，我们都知道交朋友要慎重。我们对别人付出爱心，也希望周围的人会付出同样的爱心对待我们。谁也不愿意去和魔鬼打交道。

一个成年人有时也会因为一些不良影响而误入歧途，更何况孩子呢？所以我一直主张孩子不要去接触那些有坏习惯的人。

有的人会说，你这样不是太自私了吗？你应该去帮助那些有坏习惯的人。我也想这样做，但我知道那几乎是不可能的。其实每个人只要约束好自己，坏习惯自然会慢慢消失。

沃尔夫牧师与我持不同的观点，他是我的好友和同行。他认为好孩子的好习惯能够影响坏孩子。我觉得这只是一个良好的愿望，但真正要做到几乎是不可能的。

为此，我曾经和他讨论过很多次，他始终坚持自己的观点。我觉得既然不能用理论去说服他，那就只能看事实了。

威廉是沃尔夫牧师的儿子，他接受的几乎是和我儿子卡尔相同的教育。我不得不承认，沃尔夫也是一位非常出色的教育家，因为他的儿子在很多方面都不比卡尔差，无论是知识面、语言，还是品德方面，威廉都表现得相当出色。

与我不同的是，沃尔夫牧师鼓励儿子去和那些坏孩子交往，他告诉自己的儿子应该去帮助那些有不良习惯的小朋友。

帮助别人，是一种美德。但在我看来，沃尔夫牧师的做法未免太天真了，我认为他对自己孩子极为不负责任。

不加选择地乱交朋友，让沃尔夫牧师的儿子威廉渐渐地发生了变化。我曾经无数次告诫过沃尔夫，但他并没有放在心里，他坚持自己的观点，他相信自己的儿子最终会改变那些不良的孩子的。对于他的固执，我有什么办法呢？

不该发生的事终于发生了。

很多次沃尔夫牧师发现儿子威廉很晚才回家，每次都超出了他规定的游戏时间。他问威廉为什么会这样。儿子告诉他，因有几个小朋友在一起发生了矛盾，他试图去劝解他们，他还给他们讲一些《圣经》上关于友善的故事。

"原来是这样。"沃尔夫牧师相信了儿子的话，并为他感到高兴。这正是他希望的，儿子能够帮助别人，真应该为他高兴。

然而，他不知道，他被儿子的谎言欺骗了。这也不能怪他，因为儿子威廉在此之前从来都不说谎。善良的沃尔夫牧师做梦也没有想到儿子会渐渐染上了那些坏孩子的恶习。

后来，当沃尔夫知道真相后，非常气愤。威廉所谓的帮助别人，实际是他们聚在村外的树林中赌博或讲那些低级下流的故事。沃尔夫应该知道，赌博在农夫之中非常盛行，这是那些没有受过教育的人的唯一乐趣。而那些下流的故事在他们之中非常流行。可是，当时他并没有重视。

威廉的那些小伙伴几乎都是这些人家的孩子，他们从小就没有得到很好的管教，没受到良好的教育，他们只是去模仿家人的做法，坏习惯和低俗的语言对于他们来说是再自然不过的事。威廉天天和他们在一起，会产生什么影响我想这是显而易见的。

有一天，威廉气喘吁吁地从外面跑回家，什么话也没有说就跑进自己的房间。沃尔夫看出他显得非常惊恐，就去问他发生了什么事。

威廉一言不发，无论怎样问他始终不肯说一句话。沃尔夫感到非常奇怪，他还认为是有人欺负了自己的儿子呢。

"沃尔夫牧师……沃尔夫牧师……"门外有人叫他。

当沃尔夫牧师走到门外时，看到了一个满脸怒气的农妇。

"太不像话了，沃尔夫牧师，您应该好好管教您的儿子。"

沃尔夫很惊讶，他一直以为自己的儿子是个好孩子。有什么事会让这位农妇那么生气呢？

"出了什么事吗？"他大惑不解地问。

"您的儿子带着其他的孩子来偷我们家的鸡，这不是第一次了。以前我们家的鸡无缘无故地失踪，我还以为是魔鬼干的，但今天我发现是你的儿子威廉干的。您是牧师，不能教孩子干这种坏事……"

原来，有很多次，那些孩子指使威廉去偷农妇家的鸡，并一起在野外烤来吃。

我不知道沃尔夫知道了事情的真相后会怎么想，但他一定会非常难过的。

后来，沃尔夫牧师终于承认了我的观点，再也不让儿子和那些坏孩子玩了。

很多人都有这样的观点：孩子如果没有游玩的小朋友就会变得孤僻或任性，这是极端错误的。

在我看来，情况恰恰相反：如果不加选择地让孩子们在一起玩，他们就互相逞能，有可能变成利己主义者，结果沾染上诸如此类的坏品质：狡猾、虚伪、说谎、任性、嫉妒、憎恨、傲慢、说坏话、争吵、打架、诽谤、挑拨等等。

第十章

赏识教育·学会夸奖孩子

信心的源泉

自信是信心的基础，没有自信，信心就无从谈起，而有效赞扬很容易帮助孩子建立起自信心。

"你是个非常聪明的好孩子"，这是我在教育卡尔时用得最多的一句话。每当儿子遇到困难和挫折时，我总是用这句世上最美的语言帮助他消除内心的苦恼。

每当我看到儿子消沉或丧失信心时，我就会对他说："你一定行的，我相信你。"卡尔还只是个孩子，还太弱小，在漫长的人生之旅中，他一定会遇到很多意想不到的困难，我们应该尽力去帮他，给他鼓劲。每个人都会有失落或丧失信心的时候，对一个小孩子来说就更是如此了。只有让儿子充满信心，他才能在未来的人生之中面对一切挑战，才会拥有幸福的人生。

父母有效地夸奖是孩子信心的一大来源。孩子需要夸奖，需要鼓励。赞扬不仅表明了父母对孩子有信心，同时也会增添孩子自己的信心。孩子只有对自己充满了信心，父母才能培养出优秀的人才。如果从一开始我就对卡尔缺乏信心，我无法想象，他现在会变成什么样子。

卡尔刚开始学习写作的时候，对自己没有一点信心。当他惴惴不安地把他的第一篇文章递给我时，我注意到了他眼中的不安，他似乎在等待着我的判决。读完他写的文章后，我发现那篇文章真的糟透了：主要问题交代不清，句子不完整，线索不清晰，还有很多错别字。我应该怎样去评价它呢？我感觉得到儿子本来对写作缺乏自信，我想我不能只简单地说一声"不好"，那样肯定是不能解决问题的。当我沉默时，儿子显得很伤心。也许他没有想到，我却对他说了一句令人兴奋的话："你第一次写作，就能写成这样很不错，爸爸刚开始写作的时候比你差远了。"这时，儿子的眼中流露出兴奋的光芒。

没有多久，儿子交给我他的第二篇文章，比第一篇进步多了。

自信是信心的基础，没有自信，信心就无从谈起，而有效赞扬很容易帮助孩子建立起自信心。

自信就是自己对自己的能力充满信心。无论大人还是孩子，无论做什么事情，一个缺乏自信的人，必然会一事无成。反之，一个充满了自信的人，无论干什么事情，都会坚持不懈，都相信自己能够做到。

在教育儿子的过程中，我体会最深的就是：要鼓励孩子去相信自己。

现在，卡尔在各方面都取得了可喜的成就，而且也相当自信。我想说的是他的这种自信并不是天生的。实际上，他在小时候并不是特别自信。

记得在卡尔大约五岁的时候，我注意到他在唱歌方面有一些天分，就想把他推荐给唱诗班的威勒先生。

威勒先生是教堂唱诗班的负责人，也是他们的音乐教师和指挥。他知道我的想法后非常高兴，他要我立刻把卡尔送到他那里接受训练。

每次当我为卡尔作出某种安排时，我会事先征求他的意见，这一次也不例外。

当我把这个想法告诉他后，卡尔显得有些为难，他自己觉得他并不适合参加这个活动。他说这种活动会影响到他正常的学习。

卡尔的理由是完全可以理解的，但我想肯定还有什么其他的原因。也许他很想参加，只是缺少足够的信心罢了。这是他后来与我谈话时无意间流露出来的。

我再三鼓励他，卡尔终于答应试一试。按惯例，每一个要加入唱诗班的孩子都必须经过考核。威勒先生安排卡尔在一个星期日下午进行考核。

那天到场的人很多，除了唱诗班的孩子们以外，还有许多刚做完祷告的人们。

威勒先生向大家介绍了卡尔之后，便坐在风琴前准备为卡尔的演唱伴奏。

可是，在威勒先生的风琴声响起了很久之后，卡尔仍然没有唱出一句，他太紧张了。看到这样的情形，我请求威勒牧师暂时停了下来，就悄悄地把卡尔叫到了一边。

"卡尔，你为什么不唱呢？"我问他。

"我觉得我唱不好。"卡尔小声地回答。

"你还没有唱呢，怎么就认为自己唱不好？"我想，卡尔一定是对自己没有信心，便鼓励他，"你知道为什么威勒先生要把考核安排在星期日吗？因为他早知道你唱歌很棒，才故意让更多的人来听的，这样那些已经是唱诗班的成员们就不敢小看你这个新来的。威勒先生曾对我说，如果你来了唱诗班，唱诗班的水平一定会大大提高呢。"

"真的？！"听我这样说，卡尔一下子有了劲。

于是，卡尔再次站在了风琴前。他唱得的确很棒。

卡尔为什么会有如此巨大的变化，毫无疑问，这就是鼓励的作用。

有很多这样的父母，他们妄自尊大，对孩子缺乏应有的尊重。其实婴幼儿虽然并不明白什么叫自尊，但也是有潜在的自尊心的。他们能够十分敏锐地感觉到父母对他们的情绪。对于抚爱和夸奖，他们会以微笑和撒娇加以回报；对于嘲弄和漠视，他们会以发怒和任性来加以回应。

对孩子不公平，或者体罚，孩子都会以自己特有的方式来回应，要么是哭闹，要么是任性，要么就做一些破坏性的事情。

我总是反思自己是不是给予了卡尔足够的尊重。在卡尔的成长过程中，我发现认真调整自己对孩子的态度和做法，就很容易帮助孩子克服任性娇纵等习气。

在上面我说过了，如果我觉得卡尔的文章不尽如人意，就立刻否认他，甚至是骂他"笨""蠢"，这样就会伤害儿子的自尊心，也会毁掉了他的自信心。恐怕他以后再也不会写文章了，无形当中我们就扼杀了他的一种才能。

评价事情总有优良中差之分。卡尔得了"优"，我自然要夸他一番，更增加了他的信心。得"良""中"，也会鼓励他，但会让他注意找找差距。即使是"差"，也要往好的方面努力，否则就让他失去信心。关键就是要找出孩子的闪光点来夸奖。在这种时候，千万不能让孩子失去信心。

喜欢美好的，憎恶丑陋的，这是人的天性。夸奖可以让人心境良好，信心倍增，从而激励自己不断前进。

每当卡尔做了一件好事，我总会夸奖他，这会让他神采飞扬，充满信心。我们要善于发现孩子的每一点点长处，并给予赞扬，会大有好处。如果孩子有什么地方做得不对，也不要去挖苦讽刺。孩子做错了事，只要他能够诚恳地改正，父母就应既往不咎。

人的一生，有成功也会有失败，而且失败可能会比成功多。孩子失败了，父母绝不能说"我就知道你不行"之类的话，而是要帮助他从失败中走出来，要多加鼓励。

利用夸奖激发孩子的潜能

孩子的潜能能否最大限度地得到发挥，关键取决于孩子自己。做父母要善于发现并加以赞赏，就能促进孩子前进。

孩子的天赋是在方方面面体现出来的，只是父母要善于发现并为它提供良好的条件。如果父母能够发现并加以积极正确的引导，对孩子的发展大有好处。孩子的潜能能否最大限度地得到发挥，关键取决于孩子自己。做父母要善于发现并加以赞赏，就能促进孩子前进。这是我在教育卡尔的过程中，获得的一个深刻的体会。

孩子一生下来就具备了学习的能力，并形成自己的优点与劣势。做父母的一个重要的责任就是要帮他们扬长避短，让优势的一面尽量得到发展。

孩子天生对音乐感兴趣，听优美的乐曲可以让他们的大脑得到训练。如果孩子对音乐节奏十分敏感，对音乐十分入迷，这个孩子可能有音乐天赋，父母应该提供更多的"音乐奖励"，孩子一表现出这方面的兴趣，父母就应该用各种方式进行"奖励"。

孩子的绘画才能是从分辨各种颜色开始的，如果孩子对颜色有浓厚的兴趣，并且经常在地上、墙上涂涂画画，这个孩子可能有绘画的天赋。父母就应该为他购买画笔、颜色和纸，鼓励孩子画画的兴趣，还要及时带他去观察大自然的风光，开阔他的视野。这些也是对孩子的一种奖励形式，对开发孩子的天赋十分有益。

如果一个孩子喜欢背诵、说话、讲故事，就表明他具有一定的语言天赋，如果一个孩子说话特别早，也应该引起父母足够的重视。孩子的语言天赋除了天生的，很大部分是依靠后天培养的。要经常与婴儿"说话"，尽管他可能不会说话也并不懂得，但可以激起他对语言的兴趣。

语言能力是人的一种最基本的能力，这点父母要特别注意加以褒扬。孩子小时候说话多，长大了可能能言善辩。父母对孩子发音不准、用词不当不要取笑，要用适当的方式加以引导，给予相应的鼓励。

其实，孩子说错了话是完全正常的，不说错话才是不合乎情理的。只要孩子说话就应该鼓励。

卡尔9岁时就能熟练地运用并翻译法语、意大利语、拉丁语、英语以及希腊语，在很大程度上归功于我对他年幼时的夸奖。

我把培养卡尔的想象力放在教育他的首位，我认为这点比单纯地灌输知识更重要。不少人教育孩子时一味地灌输各种知识，却忽视了他们的想象力。我想学习知识只是一种手段，而不是教育孩子的主要目的，我们要通过学习知识来开发他的各种能力，增强他的综合素质。

培养想象力无法事先制定一个规划，要结合具体的活动情境，才能真正收到成效。孩子越小，这一点越显得重要。

每当儿子在扮演古代骑士、模仿小鸟飞翔时，我知道这表明了他具有了丰富的想象力，每当这个时候，我会夸奖他做得很好，收到的成效是不言而喻的。随着他年龄的增长，他的想象力也就越丰富独特。

喜欢听故事似乎也是孩子的一种天性。他们总是不厌其烦地让父母讲同一个故事，在父母讲述过程中他们会知道他哪里遗漏了，有时自己也会添油加醋。对这种现象，父母也应该及时鼓励，赞赏孩子具有想象力，即使补得不对或是不合理，也不能打击他们的积极性。

有时儿子会虚拟一些并不存在的事情，看起来漏洞百出、前后矛盾，我们也不能认为他是在撒谎或是瞎编，而是帮他讲得更合乎情理一些。我知道父母的责任应该是夸奖他们的想象力，并引导着他们继续下去。

通过对儿子的赞赏和引导，我发现他的想象力越来越丰富发达了。

对孩子的一些离奇的想象，很多父母并不理解。因为父母心目中有许多条条框框，他们总会用这些条条框框去衡量孩子的想象，从而扼杀了他们的想象力。而孩子之所以有如此大胆丰富的想象力，就是由于他们的脑袋里没有这些条条框框，而且也不想受到这些条条框框的限制。

有一天，我的一位老朋友来我家做客。他看见卡尔正在用蓝颜色画一个大大的圆圆的东西。

他问卡尔："孩子，你画的是什么啊？"

卡尔回答道："是一只大苹果。"

朋友说："可为什么要用蓝色呢？"

卡尔回答："我觉得应该用蓝色。"

朋友对我说："我的老朋友，你应该教教孩子。他用蓝颜色画苹果，你应该告诉他那是不对的。"

我感到很惊讶，说："这是为什么呢？我为什么一定要让他用红色呢？我认为他画得很好，也许他们今后真的能栽培出蓝色的苹果呢。现在的苹果是什么颜色，他吃苹果时自然会明白的。"

孩子的创造力就是在这种不断的赏识中培养起来的。如果用大人的标准去要求孩子，也许他们的一举一动都看起来不符合规矩，如果我们对这些不合乎"规矩"的行为总是去纠正，就会抹杀孩子的创造力。

卡尔小时候，我发现他时常趴在地上，聚精会神地观察两只蚂蚁搬一颗饭粒，这表明他有好奇心。这时候，我绝不会去干扰他。有时他会把观察的结果告诉我，说那只蚂蚁怎么啦，另一只蚂蚁又怎么啦。这时，我会夸奖他观察得仔细。

对孩子的好奇心加以赞赏，也有益于培养他的创造力。夸奖可以增强孩子的好奇心，我常常把儿子带到大自然中，让他观察花鸟草虫，去遥望满天繁星、闪电雷鸣、阴晴雨雪，还有日升月没，昼夜的交替，所有的一切，他都很有兴趣，在观察的过程中他也会不断提问。

对孩子的好奇心，父母不能感到厌烦，应该加以适当的引导和赞赏。这种赏识，能让孩子喜欢读书，做手工，做实验，并在这个过程中体会到无穷的乐趣。

表扬孩子要恰如其分

不要过分地表扬。如果表扬太随意，也就失去了表扬的意义。

对儿子好的行为，我会表扬。尽管如此，我仍然提醒那些善良的父母们：不要过分地表扬。如果表扬太随意，也就失去了表扬的意义。

如果卡尔学得非常好，我也只是说"啊，不错"之类的话。当儿子做了好事时，我对他的表扬可能会进一步，我会对他说："做得好，我想上帝会高兴的。"我的表扬总是适可而止。

当卡尔某件事做得特别好时，我会去抱抱或是亲吻他，但这并不是很随便的。

我这样做的目的，是想让儿子明白父亲的吻对他来说是可贵的。通过这些不同程度的表达方式，我让儿子懂得：对善行的最好的报答是在行善过程中获得的快乐，是上帝的嘉奖。

我不想过分地表扬他，是为了让他不骄傲自满。因为孩子一旦养成这种习惯后就很难纠正了。

我教给卡尔很多知识，并不特意指出这是哪门学科的知识，以免他认为自己懂得很多，从而变得狂妄自大。

有些父母的想法或许与我不同，他们总是喜欢在别人面前炫耀自己的孩子在这方面或那方面的"与众不同"，这样做很容易让孩子变得自满。我很担心，这种做法可能会把一个本来很有潜质的孩子毁掉。

我认为，没有经过早期教育纯粹依靠天赋的所谓的神童，只是一种病态的暂时现象。这样的神童，往往容易夭折。这就是"十岁神童，十五岁才子，过了二十岁就是凡人"这一谚语所表达的含意。一些潜质很好的孩子之所以最终没能成为栋梁，可能就是因为孩子的骄傲自满和狂妄自大阻碍了他。

世界上再也没有比骄傲自大更可怕的品质了。骄傲自大会毁灭优秀的人才和天才。

莱恩自幼就表现出某种天赋，他一出生就让人觉得他聪明伶俐、不同寻常。很多人都说这个孩子一定是天才，他将来一定很了不起。

有人说："莱恩一定会成为一个伟人，你看他那种机灵的模样，说不定会成为一个伟大的将军。"也有人断定他会成为一个让大家引以为荣的艺术家。

这种说法看起来没错，但事实并不是这样的。这个孩子两岁的时候表现出超人的天赋，主要是在音乐方面。

莱恩的父母为此专门给他请了家庭教师，想在音乐方面好好培养他。他确实非常聪明，老师教的知识他很快都能学会。四五岁的时候，他不仅掌握了基本的乐理知识，还会演奏多种乐器。他的钢琴和小提琴演奏极为出色，并且还举办了个人的音乐会。

所有人都说他是一个音乐神童，是个伟大的天才，就像人们评价历史上的那些伟大音乐家一样。

莱恩的父母把他当成一个宝贝，一家人的生活重心都转移到他的身上。他们逢人就夸奖自己的孩子。甚至当着众人的面，说莱恩的音乐水平已经远远地超过了他的老师及与他同时代的音乐家。他们说莱恩注定会成为像巴赫那样的音乐大师。

莱恩被这些过多的赞誉蒙蔽了，他陶醉在沾沾自喜之中。

有一天，他的音乐老师指出了他的一些不足。虽然他的技巧已经相当不错了，但音乐的真正魅力在于内涵而不单单是技巧。

莱恩被激怒了，他狠狠地对老师说："你以为我只会技巧吗？那些音乐的内涵我早已明白了。"

老师说："但我认为你还存在一些问题！"

莱恩说："那不是问题，是我故意那样演奏的，我就是那样理解这首曲子的。"

老师为了让他能够明白音乐艺术的表现力，便给他做示范。碰巧老师在演奏的过程中犯了一个小小的错误，这样就被莱恩抓住了把柄。

"喂，您都弹错了。我亲爱的老师，您这样的水平还能够教我吗？"他的话语暗带讥讽。

老师气极了，虽然他认为莱恩很有才华，还是马上辞去了这份工作。尽管莱恩的父母请他原谅孩子的做法，并尽量地挽留他，他仍然头也不回地离开了。

后来，我曾遇到这位音乐老师并和他谈起莱恩的事。他告诉我，就在他离开莱恩的那一刻，突然感觉到他以往的判断是错误的，他感觉到莱恩并不是像以前想象的那样会成为伟大的音乐家。事实证明，这位音乐老师说对了。

自从老师走后，莱恩越来越得意。他自认为是天才，总是随意地改动那些大师的作品，并经常说这些作品不过如此。

他拒绝父母再给他请老师，说那些老师都是庸人，根本不配来教他这样的有着极高天赋的才子。

结果是可想而知的，事过多年，我听说莱恩已经变成了一个愤世嫉俗的酒鬼，他说人们不理解他这样的天才。

我知道有很多伟大的艺术家在生前或未成名之前很难被人理解。但莱恩绝不是那样的人，因为他一生从未写出过美妙的作品，甚至连平庸的作品都没有。而且过度的饮酒摧毁了他的听力和灵巧的手指，恐怕他已经变得连最基本的音阶都不会演奏了，更不用说演奏出美妙的音乐。

我担心在教育卡尔的过程中，也会出现这类问题。我下了很大的功夫就是防止他自满。我把莱恩的事讲给他听，让他明白骄傲自满和狂妄自大会带来多大的危害。

不能滥用表扬

乐于接受表扬的人就必然得学会忍受别人的中伤，仅仅因为别人评价而患得患失、喜忧无常是愚蠢的。受到别人的诬蔑就伤心是不明智的，一受到赞扬就忘乎所以的人更是愚蠢的。

在儿子成长的过程中，我自己并不滥用表扬，当然对别人也是如此要求。

每当别人要表扬卡尔时，我就会尽量让他离开现场，以免他听到。对那些不听忠告仍一味夸赞我儿子的人，我谢绝他们到家里来。因此有人觉得我不通人情，是一个老顽固。为了让孩子不要养成这种不良习惯，我并不是太在乎别人的看法。

我教育儿子：知识能博得人类的崇敬，善行却能得到上帝的赞誉。世上没有学问的人很多，因为他们自己没有知识，对有知识的人就格外崇敬。然而，人们的赞赏是反复无常的，既容易得到也容易失去，而上帝的赞赏是由于你积累了善行之后才得到的。正由于它来之不易，便显得永恒。所以不要把人们的赞扬太放在心上。

我认为乐于接受表扬的人就必然得学会忍受别人的中伤，仅仅因为别人评价而患得患失、喜忧无常是愚蠢的。受到别人的诬蔑就伤心是不明智的，一受到赞扬就忘乎所以的人更是愚蠢的。

我用各种方法去教育卡尔，防止他骄傲自满，尽管这样做要花很大的功夫，但我想最终会取得成效的。

我想，我儿子接受的赞赏之多，是一般的孩子难以比拟的。但因为我的努力，卡尔并没有因此而受到伤害。

有一次哈雷的宗教事务委员塞思博士对我说："你的儿子骄傲吧？"

我说："不，我的儿子一点也不骄傲。"

"这不可能，像那样的神童如果不骄傲，那就不是常人了。他一定会骄傲，骄傲对他才是正常的。"他不相信，认定卡尔是个骄傲的孩子。

事后，我让他看看我儿子。他和卡尔在一起谈了很久，经过多次的交谈，他终于了解了我的儿子。

塞思博士事后对我说："我实在佩服，你儿子一点也不骄傲。你是怎样教育他的呢？"我让儿子站起来，让他把我的教育方法讲给塞思博士听。

听后他说："的确，如果这样教育，孩子就不可能骄傲了。"

还有一次，有个外地的督学官克洛尔先生到哥廷根的亲戚家去做客。他在来哥廷根前已经从报纸和人们的传闻中知道了卡尔的事，到了亲戚家后也了解得更多。因为他的亲戚和我们有密切的来往，他们非常了解卡尔的情况。克洛尔先生想考考我的儿子，因此拜托他的亲戚请我们父子前去。

我接受了邀请带着儿子去了。

克洛尔先生想考考我的儿子。按照惯例，我也要求他答应我的条件，即："不管考得怎样，决不要表扬我儿子。"

克洛尔先生擅长数学，所以他主要想考数学。

我回答说："只要不过分表扬，考什么都没有关系。"

商定后，他就把卡尔叫进来，考试开始了。

克洛尔先生先从世故人情考起，然后进入学问领域。卡尔的每个回答都使他感到满意。最后开始了克洛先生所擅长的数学考试。

由于卡尔也擅长数学，所以越考克洛尔先生越感到惊异。每一个题目我儿子都用两三种方法去完成，也能按照克洛尔先生的要求去解题。到了这一阶段，克洛尔先生已经不由自主地开始赞扬他了。

我赶紧提示，他才住了口。

但是，考试还未结束，由于他们二人都擅长数学，考着考着就进入了很艰深的领域，并最终走到克洛尔先生难以控制的程度。

这时，他竟不由自主地叫了起来："哦，他已经超过我了。"

我想，这下坏了。于是立即给他们泼冷水："不，由于这半年卡尔在学校里听过这种数学课，所以还记得。"哪想到克洛尔先生兴致不减，又拿出更难的题来考他："你再考虑这道，这道题欧拉先生考虑了三天才好不容易做出来，如果你能做出来，那就更了不起了。"

听了这话，我开始担心起来。

我并不是怕儿子做不了那么难的题，而是担心如果儿子真把那道题做了出来，就由此而骄傲起来。

可是，我又不好说"请不要做那道题了"。因为克洛尔先生不太了解我们，我怕引起他的误解，让他以为我害怕儿子做不出那道题才这样说的。

我只好故作镇静地看着。

那道题是一个农夫想把如图所示的那样一块地分给三个儿子，分法是要把它分成三等份，而且每个部分要与整块地形相似。

克洛尔先生把问题说明后，就问我儿子有没有听说过，或者是否曾在书上看到过这个题。儿子回答说没有。克洛尔先生说："那么给你时间，你做做看。"

说完，他拉着我的手退到房间里面，对我说："你儿子再聪明，那道题也很难做出来，我是为了让你儿子知道世界上还有这样难的题才给他出的。"

可是，克洛尔先生的语音刚落，就听卡尔喊道："做出来了。"

"不可能。"克洛尔先生说着走了过去。

儿子向他解释说："三个部分是相等的，而且各个部分都与整块很相似，对吗？"

这时，克洛尔先生有些疑惑地说："你是事先知道这个题吧？"

看到这种情况，我再也不能沉默了。

我向克洛尔先生保证："我儿子做的一切，我全都清楚。这个题的确是第一次遇到，更何况卡尔是从不撒谎的。"

这时，克洛尔先生赞不绝口地说："你的儿子已胜过欧拉这个数学家了。"

我又赶紧提示他。

克洛尔先生这才领会我的意图,点着头说:"是的,是的。"然后就小声地对我说:"我真佩服你的教育方法。这样的教育,不管你儿子有多大的学问也不会骄傲的。"

儿子也很快同其他人高兴地交谈起来,这一点让克洛尔先生十分喜欢。因为卡尔在这种情况下并没有表现出丝毫的骄傲。

我很庆幸对儿子的教育有如此的成效。我曾经无数次地告诫卡尔:无论怎样聪明,怎样通晓事理,怎样有知识,也无法和无所不知、无所不能的上帝相比。人类所掌握的只不过是沧海一粟。只有粟粒大的一点知识就骄傲的人,是很可怜的。

随便恭维的话大多数是虚情假意的,但就是这种明明是假话的奉承,却成为人们的一种习俗。所以,谁要是真正地相信这些话,他肯定是个愚蠢的人。

第十一章

品德教育·注重培养孩子的善行

为儿子做 "行为录"

原本这个 "行为录" 我是打算专门记录卡尔的好行为，但在记录的过程中我发现只记好行为可能会使卡尔自我感觉太良好，于是又记了一些不太好的行为，便于他更好地反省自己。

在培养儿子的善行上，我花了很大的功夫。从卡尔小时候起，我就给他讲种种有关善行的故事。他一做了好事，我就立即表扬他做得好！有时，我特意在妻子和亲友面前说："卡尔今天做了一件很不错的事。"当然，我并不过分或夸大地赞扬，以免他会产生骄傲的心理。我并不会对任何人都讲卡尔的优点，只是对少数熟悉他的人。

卡尔稍大一点后，我开始教他背诵各种与良好品德有关的诗。我认为，德国有很多歌颂仁爱、友情、亲切、包容、勇气、牺牲等方面的诗篇，这些都是培养孩子品德和善行的宝贵财富。由于卡尔对这些接触很多，在几岁时他就能很熟练背诵这些诗。

为了鼓励儿子，我为他做了一个 "行为录"，将他做的好事记了下来便于留作永久的纪念。这种方式直接鼓励了卡尔去做更多的好事。卡尔小时候，总会为自己的好事上了 "行为录" 而兴奋，并且时常翻看它们，每当这时，我能体会到他内心的满足。

就像培养儿子其他方面的好习惯一样，在培养卡尔行善方面，我也不会强迫他，我只是尽力让他认识行善是一种乐趣，让他享受做了好事和克制自己时的喜悦。当然，希望孩子能够绝对理解很困难。我相信，只要耐心教育，孩子就能做到并尝到做了善事和克制自己的乐趣。

有了"行为录"，卡尔随时能对自己的行为作出反思，并形成了一种习惯。我想，这种方法不仅对小孩子有好处，对成年人也是如此。

每一个人在某段时间，甚至某一天、某一时刻都会做许多事，产生一些新的想法。有的做法、想法是正确的，有的却是错误的。好的方面容易记住，坏的方面却容易被人忽略，如果有了"行为录"，就能提醒我们随时反省自己，让自己的行为、思想尽量朝着正确的方向发展。

有一天，卡尔像往常一样在晚饭后翻看"行为录"，翻着翻着他突然沮丧起来。

当我问他原因的时候，他说："我以为自己很不错呢！原来还有那么多毛病。"原来，卡尔在"行为录"上看到了我记下他的一些不好的行为。

原本这个"行为录"我是打算专门记录卡尔的好行为，但在记录的过程中我发现只记好行为可能会使卡尔自我感觉太良好，于是又记了一些不太好的行为，便于他更好地反省自己。

看卡尔那么沮丧，我劝他："你一定注意到了那些不好的行为了吧，只是，那些都是发生过了的事，这并不意味着你以后还是这样啊。你不必因此而沮丧，毕竟，上面更多的是你的一些好行为呢。"

在我的劝导下，卡尔不那么沮丧了。他决心以后尽量不犯那些已经犯过的错误，尽量多做好事。

我努力培养卡尔的善行是为了让他成为一个高尚的人。为此，我常向卡尔讲述有关做坏事的人遭到报应的故事，并对这些人的恶行加以严厉的批判。我用这些反面的例子告诉儿子要从善。

很多父母在孩子成长时都会遇到诸如此类的很多问题："我的孩子为什么说谎？""我的孩子为什么任性？""为什么他那么小，就那么残忍地对待小动物？"面对着这些问题，很多父母显得无能为力，他们只能痛苦地感叹："早知今日，真不如不让他来到这个世上。"这些令人头痛的问题，让他们困惑疲惫，他们觉得自己无力教育好孩子，也不知怎样去教育这些孩子，帮他们改掉那些不易改掉的坏行为。有的父母说自己已经尽了力，但仍然没有使他们显得有道德，他们不善良，不懂得体贴人，对自己的坏行为也不听劝告，一意孤行。我认为，只要方法得当，孩子是能够教育得好的。

父母要以身作则培养孩子的善行

> 孩子的心灵是一块奇怪的土地，播上思想的种子，就会收获行为；播上行为的种子，就能收获习惯；播上习惯的种子，就能收获品德；播上品德的种子，就能收获命运。

柏拉图曾说："任何坏人都不是出于本人意愿成为坏人的。"我引用这句话并不是为坏人辩护，而是想强调在孩子的天性中，他们是愿意向好的一面发展的，只是有些孩子在成长过程中没有得到正确的引导而一天天变坏。

对于这一点，有这样一个事实："孩子是父母的影子，孩子是父母的翻版。"这并不是夸大其词，而是无可否认的事实。

在生活中，我们不难看到：母亲爱虚荣，女儿也会这样。父亲好喝酒，儿子也会这样。父亲品德败坏，儿子也不会有好的行为。所以说，人之所以变成坏人，大多与父母的不良教育有关。

现在，社会上没有一个机构专门去培养孩子的品德，这个任务自然而然就落在了父母身上。那么，父母为孩子做出了怎样的榜样，便决定了孩子将来是成为好人还是坏人。父母是孩子最亲近的人，也是相处时间最长的人，是孩子最直接的模仿对象，所以，父母应该以身作则，成为孩子好行为的引导者。

有人说："孩子的心灵是一块奇怪的土地，播上思想的种子，就会收获行为；播上行为的种子，就能收获习惯；播上习惯的种子，就能收获品德；播上品德的种子，就能收获命运。"这种说法完全正确。如果父母严格要求自己，做孩子的表率，努力培养孩子的好品德，就会为孩子的美好前程创造条件。这样的父母是值得人尊敬的。

有许多父母用惩罚的方式对待孩子的坏行为，这是不明智的。惩罚只能收到短期的表面的效果，并不能让孩子真正懂得其中的道理。他只是慑于父母的权威，暂时不敢做坏事，但他的内心深处并没有意识到，也没有将它铲除。

在教育卡尔时，我总是通过一些有效的方法让他懂得什么是善、什么是恶，让他真正感受到施予的乐趣。

有一次，卡尔在与小伙伴们玩耍时悄悄拿了小女孩阿尔丽兹的一块糖果。被人发现后，卡尔还竭力否认。

我知道这件事后立刻严厉地责问他："卡尔，你知道自己是在做什么吗？你的行为是罪恶的偷盗行为。"

可是，年幼的卡尔似乎并没有认识到这种行为的恶劣性，他为自己辩解道："只是一块糖，怎么谈得上偷呢？"

我对他说："你从小就开始读书，我想这个道理你应该能够理解吧？在别人不知道的情况下拿走别人的东西，就是一种偷盗行为。从本质上说，偷一块糖果和偷一袋金子没有任何区别。"

一般来说，年幼的小孩子对周围事物还没有判断力，也就不能正确认识某些行为的本质，比如偷盗。他们往往不从性质上看问题，而是从表面看问题，认为拿得多才算偷，拿得少就不算偷。这时候，让孩子弄清楚事物的实质是很有必要的。

当卡尔明白自己的行为是偷盗时，羞愧得满脸通红，立刻去向阿尔丽兹道歉，并给她带去了一大包糖果。

在儿子成长的过程中，我常常对他说："每个人都应该为自己的行为负责，因为自己的行为必然会得到相应的报答。"我还告诫他："学习为我们带来现世的幸福，善行则给我们带来上帝的嘉奖。"

我为儿子的爱心而骄傲

威特牧师，您有这样的儿子，真让人感动。他就像一个天使，把爱给了我的儿子。愿上帝赐福给他。

我教育儿子懂得获得一点报酬是多么艰难，并教育他尽量把钱用在有意义的地方。我告诉他钱不是只用来买些点心之类的东西，买书等用品却可以永久发挥作用。有时我提醒他，如果在圣诞节或其他一些节日里，给朋友和有困难的小孩买点礼品，他们一定会高兴的。

如果我们周围有些人遇到了不幸或其他的意外，我不会太计较我们个人的身份，总是带着卡尔前去看望。

每当这时，卡尔就会把自己的钱拿出去帮助那些有困难的人。而我也会不失时机地表扬他："卡尔，你做得很对，尽管你的礼物很少，但却像《圣经》里记载的那个寡妇的一个小钱那样有价值。"

这个故事是这样的：耶稣坐在一个器皿前，看众人是否会投进一些钱。已经有好多读书人往里面投了钱，这时一个贫穷的寡妇走过来，往里投了两个小钱。耶稣便把他的信徒叫过来，对他们说："我想告诉你们的是，这个贫穷的寡妇投入器皿里的钱，比众人所投的更多。因为那些人都是自己有余，拿出来投在里面。而这个寡妇是在自己不足的情况下，把她所有的钱都投进去了。"

类似这样，引用《圣经》中的故事和古今传说以及诗中的语言等来教育卡尔行善，已成了我的习惯。

在我的教导下，卡尔小时候就记住了这些。所以每当我问他："卡尔，某某人在这种情况下是怎么做的？"他立刻就能明白。

同情和关心他人，非常重要，它关系到一个孩子将来能否成为一个受欢迎的人。要想孩子长大后有同情心和爱心，从小就要开始培养。

不仅是我，卡尔的母亲也非常重视培养儿子的善行和一些好性情。为了防止孩子变成一个以自我为中心的人，卡尔两岁多时，妻子就开始了这方面的教育，她的做法是：首先让他学会爱妈妈。她教他在妈妈生气时来给妈妈消气；妈妈生病时给予体贴，帮妈妈做一些力所能及的事。

正是这些训练，我和妻子成功地培养了卡尔的同情心，他能够敏锐地感受到他人的情感或是痛苦，总是尽自己的努力帮别人减轻痛苦、替他人分忧，他的这种感情是纯真的，对此周围的人深有体会，也因此非常喜欢卡尔。

有一次，我偶然发现卡尔的钱少了许多，这让我感到非常的奇怪，因为儿子总是把我给他的钱利用得很好。他的每一笔开支、无论是买书本还是其他的用具，都会告诉我，并且还会征求我的意见。

当我问起他忽然"消失"的那些钱时，他告诉了我一件令人感动的事。

儿子认识了一个小朋友，名叫豪斯，他是一个农夫的儿子。

豪斯是个爱学习的孩子，由于家境贫寒，没有受教育的机会。但豪斯天生对书本有浓厚的兴趣。

豪斯告诉卡尔，他也很想看书，可是家里没有这些对他来说很奢侈的东西。他很想听听卡尔给他讲书里的故事。卡尔周围的玩伴并不多，那天他就像找到一个知己似的给豪斯讲了许多书本中的知识。

豪斯也给他讲自己的生活和家庭。

豪斯的父亲非常勤劳，整日辛勤地劳作，为了家庭付出了一切。他的母亲很善良，虽然自己没有受过教育，却希望豪斯能成为有作为的人，她教育他勤劳、向善。由于家庭条件不好，不能让儿子去读书学习。她时常为此伤心落泪。

他说他非常羡慕卡尔，因为他可以学习。如果他也有这样的条件，也会成为一个有知识有用的人。

卡尔深受感动，他立刻跑回家给豪斯拿了一些纸和笔，并从自己的积蓄中拿出了二十戈比。

他对豪斯说："这是我对你微不足道的帮助，希望你能接受。我希望你从现在开始好好地学习，上帝是不会辜负你的。"

后来，豪斯的父亲带着他亲自到我家里道谢。

他说："威特牧师，您有这样的儿子，真让人感动。他就像一个天使，把爱给了我的儿子。愿上帝赐福给他。"

我给儿子钱，是为了让他懂得学习的好处，也是为了培养他的善行。他从小就知道用自己弱小的力量去帮助他人，这不就是上帝给他的恩赐吗？

为了鼓励儿子的学习，我还做过这样天真的事。每当儿子看完或译完一本书时，我俩都如释重负，两个人便一起喊着作者的名字："荷马万岁""维吉尔万岁"等。这时他母亲也会进来祝贺。

接下来我们就上街买回来好多东西，做卡尔爱吃的饭菜，叫两三个经常来往的亲友开晚餐会。我会对他们说："这本书是很难的，但是卡尔以顽强的毅力把它完成了，提高了自己的学习能力。"

听了我的话，他们都会祝贺卡尔。然后是前来聚会的朋友从读完的书中提出问题，这时卡尔就叙述全书的大意，或者其中的一段。

最后，晚餐会在卡尔的"上帝，感谢您！由于您赐予我这样好的父母，赐予我健康、力量和思想，才能让我在学问上进步"等等的致词中结束。

妻子如何从生活小事开始培养

> 卡尔，你自己不愿意，为什么要小狗去淋雨呢？天气这么冷，小狗也会生病的。把小狗放在冰冷的雨水中，不是太残忍吗！假若有谁让你因淋雨而生病的话，妈妈会有多伤心呀！

　　卡尔在成长过程中得到了他母亲的亲切关怀。他的母亲在儿子身上付出的心血并不比我少。可以说，卡尔之所以有着良好的品德、开朗活泼的性格以及同情心，与他母亲对他悉心的培养息息相关。

　　儿子的母亲是他的一个外交家。她教会他怎样与人说话，怎样与人相处，怎样衣着得体，这一切都是母亲来教育他的。

　　无论是孩子还是成人，都不喜欢别人命令他们做这个，或是禁止他们做那个。为此，卡尔的母亲总会想一些好办法，她不用命令或说，儿子就知道他哪些该做，哪些不该做。他母亲曾经对我说过，强迫命令孩子是无效的，与其那样，还不如正确地引导。儿子的学习由我负责，但他母亲也帮我出了不少主意。

　　我认为，母亲应努力保持自己在孩子心目中的权威性。有的母亲好穿新奇的服装，打扮得过分艳丽，走在街上成为人们的笑柄。有的因懒惰而衣冠不整，也同样让人耻笑。当孩子看到自己的母亲被其他孩子讥笑时，就会觉得难为情。这无疑会给孩子的精神带来很坏的影响。所以，做母亲的必须检点一些，既不要散漫邋遢，也不应过于装扮。否则会降低母亲在孩子心中的权威性，这种下降意味着教育的失败。很多做母亲的不注意这一点，以为自己的行为与孩子无关。其实不然，往往很多孩子在母亲这种的不经意中失去了良好教育的机会，甚至越来越糟。

卡尔的母亲曾经对我说过一件事，在这里可以看出母亲在孩子心中没有权威后果会有多么糟糕。

有一位母亲把女儿送到女子学校去上学。她省吃俭用，让女儿穿与她身份不相称的艳丽服装。尽管如此，她女儿还是不喜欢这位妈妈。有一次，她女儿对卡尔的母亲说："我妈妈让我穿着那么花哨的衣服到学校去，让我觉得丢脸。从 4 岁起，母亲的这种举动就让我难为情。"

做母亲的不应该这样。她虽然是为了女儿好，但还是失去了女儿对她的尊重。也许有人会责备她女儿无情，但我很同情她。虽然这位母亲在女儿的外表上花了很大的功夫，把女儿送到女子学校去，但是，我认为她没有尽到做母亲的义务。

父母是孩子的范本。母亲衣冠不整，孩子也是如此，这是不言而喻的。散漫的坏习惯往往跟着一个人一生，这对他的发展是不利的。社会上有许多人因着装不当而失去适当的机遇。所以，一个人的装束如何并不是一件小事。

卡尔的母亲非常注意这一点。她自己不仅衣着得体，也把儿子装扮得整洁大方。

卡尔的母亲曾对我说："衣冠不整，精神上必然是散散漫漫。着装得体，能让人精神抖擞。"所以，她给儿子穿着的服装虽不奢侈，但都是整洁的。

我认为，整洁的服装能让人产生自尊心。俗话说"人靠衣装马靠鞍"，给马换上好鞍，它就会精神抖擞；给它换上破旧的马鞍，它就会垂头丧气。马都是这样，何况孩子呢？穿着不体面、不整洁的孩子，很难有适当的发展机会。

在注意服装的同时，卡尔的母亲还非常注意让儿子讲究个人卫生。她教儿子洗脸、洗手、早起刷牙、梳头。身体清洁也能让孩子保持自尊心。在这方面，卡尔母亲也做得很有分寸，她没有让儿子沾染上好打扮、好漂亮的习惯。孩子之所以有些坏习气，大多是受母亲的影响，因此必须警惕。

人活着，就不能任何时候都无所事事。有的母亲对个人的修养和教育孩子不感兴趣，这种人往往只顾打扮自己。为了孩子的一生，这是应当避免的。

卡尔母亲除了关心儿子的教育和衣着，也很关心他的游戏。多数母亲不关心孩子的游戏，这很不好。她们为家务事所累，当孩子做一件事情要她看一看时，她头也不回。这样会让孩子备感无聊，情绪低落，有时孩子甚至还遭到训斥和打骂，这更是做母亲的错了。

为了使卡尔养成良好的品德，他母亲还给他绘制了品德表，一周一张，内容有：服从、礼节、宽大、亲切、勇敢、忍耐、诚实、快活、清洁、勤奋、克己、好学、善行。如果儿子行为与这些项目中的某项相符，她就在那天的那一栏中贴上一颗金星，反之，则贴上一颗黑星，每个星期六数一下，若金星多的话，下周内就可得到和金星数相等的书、鲜果、点心等，如果黑星多，就不能得到这些奖品了。

这个品德表，在星期六统计之后也不准儿子将其扔掉，这样做是为了让儿子下决心在下周消灭黑星。这样就有利于培养儿子积极的心态，如果长期保留黑星，会使儿子感到沮丧。

有一天，卡尔独自一人在家，他把我们养的一只小狗拴在屋外的院子里。不久，天下起雨来，卡尔并没有把小狗带到室内来。小狗在外面"汪汪"大叫，冰冷的雨水让它浑身发抖。

这时，他的母亲从外面回来，看到这种情况，赶忙将小狗牵到了屋里，并质问卡尔。

"卡尔，你为什么让小狗在外面淋雨。"

"我……我忘记把它带回来了。"

"可是，你没有听见它在叫你吗？"母亲听他那样说非常生气，因为她知道儿子在撒谎。

"我想它可以待在外面！"儿子为自己辩解道。

"儿子，如果让你也在外面淋雨，你感觉怎么样呢？"

"不。"

"卡尔，你自己不愿意，为什么要小狗去淋雨呢？天气这么冷，小狗也会生病的。把小狗放在冰冷的雨水中，不是太残忍吗！假若有谁让你因淋雨而生病的话，妈妈会有多伤心呀！"

听了母亲的话，卡尔低下了头。他承认是自己错了，并表示以后再也不会这样，一定要爱护小动物。

卡尔的母亲就是从生活中的一些小事开始，一点一滴地培养儿子的善行，并教他做人的道理。

第十二章

习惯养成·不让孩子养成不良习惯

专心致志的习惯

> 如果不能集中精神于一处，一切功夫都白费；如果不能专心，即使整天坐在书桌旁，也只是装装样子而已。

有的父母问我，为什么他们的孩子每天都坐在书桌旁用功，却没有一点长进呢？为什么卡尔学习得那么好，而他们的孩子却始终那么差呢？诸如此类的问题让这些父母迷惑不解，他们觉得自己的孩子够勤奋了，却没有好的成绩，是不是他们自己的孩子太笨，或者真正因为卡尔太聪明。

尤其是卡尔的学习小有所成后，我经常被那些善良的父母们包围着，他们总是不约而同地向我问这一问题。

对于这种问题，有时我真不知道该怎样回答。决定一个孩子成长的因素有很多，但有一点我可以肯定，这些孩子在学习上之所以收效甚微或是没有成效，大多是与他们从小没有养成良好的习惯。我不相信我儿子的天赋有多高，也不相信那些孩子就一定是天赋不高。

我认为，这些都在于父母怎样去培养孩子，怎样去引导他们，这才是问题真正的关键。

有的孩子天生聪明，从小就表现出来了，但由于没有得到父母良好的教导，他们很容易对什么都感兴趣，什么都想学，一般越聪明的孩子越是有这种倾向。

求知欲强，兴趣广泛肯定是一件好事，但是要看父母是怎样引导他们的。

如果没有正确的指导，他们很有可能什么都要学，但什么也学不好。

卡尔也是个好学且兴趣广泛的孩子，但他并没有因兴趣广泛而影响学习。因为从小我就严格教他学习要有安排和计划。

无论他正在学习什么，我都要他专心致志。学语言的时候就只考虑语言，学数学就专心于数学。我绝不允许他在学习的时候想着玩，玩的时候想着学习。如果不能集中精神于一处，一切功夫都白费；如果不能专心，即使整天坐在书桌旁，也只是装装样子而已。同时也是在挥霍时间，既欺骗了别人也欺骗了自己。

很多的孩子每天坐在书桌旁学习却没有好的成效，大多是由于他们不能专心。他们坐在那里发呆，捧着书本心却在想别的事情，或者望着天空想入非非。这种状态，怎么能够学得好呢？我认为，与其这样，还不如到外面去痛痛快快地玩一场。

哈特威尔是我朋友的儿子，他非常聪明，比卡尔整整大十岁，因为我和他的父亲是多年的老朋友，对他的成长我是很了解的。哈特威尔小时候几乎和卡尔一样，对什么事物都有极强的好奇心和强烈的求知欲。

每当我去他们家时，那个可爱的孩子总围着我问这问那。我对孩子一向很有耐心，所以对他提出的问题总是耐心地解答。因为这样，小哈特威尔还把我当成他的好朋友呢！

但是，当这个孩子开始接受正规的教育时，他的父母告诉我哈特威尔的成绩总是不尽人意，开始我感到非常奇怪，因为孩子很聪明，他的父母也都是有学识的人，他们对孩子的教育也是很不错的，可是为什么会这样呢？

为了帮助他的父母解开这个谜，有一次我要求他父母允许我偷偷地观察哈特威尔是怎样学习的。

学习的时间到了，哈特威尔像往常那样坐在书桌前准备背诵荷马的诗。我在另一个房间从门缝里悄悄地观察他。当时他在默诵，我能听到他小声地诵读，可是，不一会儿，他小声地诵读声也渐渐没有了。他的心思并没有集中在捧着的书本上，而是抬起头呆呆地望着窗外。

我知道，他走神了，他一定没有把精力集中在书本上。我把哈特威尔的父亲也叫过来观察他。他的父亲看到这个情景一下子非常生气，立刻就要进去训斥孩子。

我及时地阻拦了哈特威尔的父亲，小声地对他说："让我进去和孩子谈谈。"

我悄悄地走进了哈特威尔的房间。当我已经走到他身后的时候，他仍然没有发现。我想，他一定是想什么东西想得入迷了。于是，我轻轻地在他的肩膀上拍了拍，他似乎受到了惊吓，身体微微抖动了一下。

"哈特威尔，你在想什么呢？"

"哦，是威特先生。"

"你在想什么呀？学习的时候应该用心，为什么走神了呢？"我轻声问。

"我……我没有想什么。"

"那好，我再考考你刚才背诵的诗。"我拿起了他的书本，看着他说。

过了很久，哈特威尔一句也不能背出来。他满脸通红。

"孩子，如果你没有想别的事，怎么一句也记不住呢？"

后来，哈特威尔只得承认他刚才走神了。

"我也不知道为什么？看书时总是这样，总要去想别的事情。"

"那你刚才在想什么？"我又问。

"我在想昨天发生的一件事，有一个小朋友仗着他身强力壮，就欺负别的孩子，我很气愤。我在想如果我是一个武艺高强的剑客就好了，那样我一定会教训教训他。我会骑着高大的马，挥舞着长长的宝剑去帮助那些弱小的小朋友，一定要让坏孩子尝尝受欺负的滋味……"他一边说，一边比画起来。

这时，我看到哈特威尔的脸上充满了奇异的光彩，他在憧憬着自己成为英雄的场面。

"听我说，孩子"，我打断了他，"你知道吗？帮助别人是好事，但不能只坐在这里想呀！你现在看的是荷马的书，这里面有很多英雄的故事，你应该在书中寻找那些英雄的事迹，看看他们是怎样成为英雄的。你现在正在学习，其他的事情都应该暂时放下，努力地学好本领才会让自己成为一个强者。

"你想成为英雄，想帮助别人，就应该在书本中学习那些英雄的智慧，而不是在书桌前幻想自己成为英雄。你说对吗？"

"我明白了。"小哈特威尔好像忽然悟到了什么东西一样，"现在我在书本中学习英雄的智慧，等学完后我再到外面去锻炼身体，也把自己的身体练得强壮有力。那么等我长大了，就可以真正地帮助那些弱小的人了，你说对吗？威特先生。"

"知道了。"说着，他便捧起了书本，专心致志地学习起来。

后来，他的父母对我说："威特牧师，你的教育方法真棒，现在孩子的学习成绩真的有了惊人的提高。"

哈特威尔学习不好的症结在于他不能集中精神。我发现了这一点，并用巧妙的方式让他将心思转到学习上，取得进步当然是正常的了。

卡尔学习时，我绝不允许有任何干扰。严格地规定他的学习时间和玩的时间，培养他专心致志的习惯。

儿子刚开始学习时，我平均每天给他安排 45 分钟的学习时间。在这个时间里，卡尔如果不专心致志地学习，就会受到严厉的批评。

如果卡尔正在学习，妻子或是仆人正巧有事要问他，我会对她们说："卡尔正在学习，现在不行。"

有人来访的时候，我也不会中断对儿子的辅导，我告诉家人："请让他稍候片刻。"我这样做的目的是让儿子在学习时养成一种严肃认真的态度。

干净利落的习惯

> 我们每个人的生命都是有限的，还有大部分时间花费在睡觉、休息上，如果不能够善于利用时间做一些事，时间就会白白浪费掉，生命也就像天上的流星那样转眼即逝。

不仅如此，我还非常注意培养儿子做事灵巧敏捷的习惯。如果儿子做一件事时拖泥带水，即使做得好我也不会满意。这样做有利于培养儿子做事果断干脆的习惯。

培养孩子干净利落的习惯非常重要。我见过很多这样的人，他们坐下来不磨磨蹭蹭很久是不会开始工作的，这是因为他们自幼养成了一种很坏的习惯。

他们在磨蹭当中白白浪费了多少时间啊！

我对卡尔要求严格，但并没牺牲他很多娱乐及其他方面的时间去让他学习，事实上我每天只让他花费一两个小时在学习上就能达到良好的效果，这一切正是因为我注重了培养他做事干净利落的习惯。

卡尔并不像别人想象的那样，因为学习而失去了玩耍的时间，由于他在学习知识时专心致志，效率很高，也让他有了更多时间去运动、休息或参加各种交往。

要想做事专心、提高效率，必须从小养成做事干净利落的习惯。因为我们每个人的生命都是有限的，还有大部分时间花费在睡觉、休息上，如果不能够善于利用时间做一些事，时间就会白白浪费掉，生命也就像天上的流星那样转眼即逝。

我时常告诫卡尔，做事果断，行动灵巧才能成为一个完美的人，才能在有限的生命中做出真正有意义的事。

有一次，卡尔准备做一个数学练习题。我把题目告诉他就离开了。每次遇到这样的情况，我都会给他限制时间，在时间没到时，我不会去打搅他，目的是让他能够专心独立解决问题。

可是这一次，我为了拿一本书，时间还没到就走进了儿子的房间。我发现他并没有像以往一样在专心做练习，而是在房间中转来转去地玩。

我问他："卡尔，你在做什么？我留给你的问题呢？"

"这道题很简单，时间还早呢。在规定时间内我一定能做出来。"儿子根本没有把这件事当回事。

"是吗？你觉得它太简单吗？"听儿子这样说我很气愤，"那么，我再给你加两道题。"

"可是，为什么？"

"你不是觉得时间太多了吗？那你就应该多做些事。"

平时对儿子我是非常严格的，言出必行，卡尔知道我的作风。

我把给他新加的两道极难的数学题布置给他后就离开了。

到了规定的时间，我就进去检查他的作业。他已经做完了两道题，正在解第三道最难的数学题。

"卡尔，停住。"

"可我还没有做完呢？"

"我只是给你加了两道题，但并没有给你加时间。"我严厉地说。

"可是，爸爸，这不公平。"儿子委屈地对我说。

"不公平吗？你自己认为有太多的时间，那么就应该在多余的时间中多做两道题。"

儿子对我的做法仍然不理解，他还没有明白，我这样做是为了不让他养成拖沓的习惯。

"如果之前你没有磨磨蹭蹭，你现在就有足够的时间来做那两道题了。"我对他说道。

这时，儿子若有所思地看着我，好像明白了什么。

"你想想看，"我继续开导他，"如果在这之前，你没有把时间浪费在磨蹭上，早就做完了我给你安排的题目，你就可以用你剩下的时间去做自己喜欢的事了。在你磨蹭的那一段时间中，你什么也没有做，就好比你把一杯可口的牛奶倒在了地上，那不是一种最大的浪费吗？

"所以，因为你今天浪费了时间，我也会浪费你的牛奶。当然我不会将你的牛奶倒在地上，而是送给我们的女佣喝。我不会像你那么傻，把美好的东西浪费掉，我要尽可能地发挥它的作用。"

那天，我按着所说的去做了，把儿子的牛奶送给了女佣。

从此以后，卡尔明白了这个道理，诸如上述的事情再也没有发生过。

精益求精的习惯

无论对待学习还是对待爱好，我都要求他做到"精"。我告诉他，任何事情只要给人"精"的感觉，这件事一定就有了价值。

在学习语言和数学等知识上，我严禁他在学习中敷衍，以培养他养成精益求精的习惯。

我认为教儿子学习知识就如同砌砖一样，如果不严格要求，就不会收到好的效果。做事力求精益求精是一种美德。我最讨厌那种马马虎虎的人，他们无论做什么都不能深入，所以只看到粗略的结果，没有真正的内容，甚至在很多方面有错误。

我从小就教儿子做事要认真，尽量把一切事做得完美些。无论对待学习还是对待爱好，我都要求他做到"精"。我告诉他，任何事情只要给人"精"的感觉，这件事一定就有了价值。

儿子喜欢画画，我就从这一方面去教他理解精益求精的道理，因为艺术创造最要求精益求精。

我给儿子买了很多名画的复制品，经常给他讲解艺术家是怎样完成它们并力求达到完美的。

儿子特别喜欢画小桥，特别是秋天金色太阳下的小桥。他曾经告诉我，天气晴朗时，强烈的阳光洒在小桥的石头上时能泛出金色的光芒；小桥下清澈的河水是蓝色的，太阳的反光犹如蓝宝石一样美丽，阴影中是深蓝，显得神秘而变幻莫测。

有一天，儿子带着画具到村外的河边画画，他是专门去画他最喜爱的那座小石桥的。儿子坐在河边的石头上专心地画画，我在一棵大树的阴凉下看书。

我捧着书本细细地读着，偶然望一望不远处的卡尔。我心情很愉快，也许是天气太好，也有可能是儿子也把我带入一种宁静之中。

不一会儿，卡尔站起身来。他似乎画完了，拿着画板向我走来并把那张画拿给我看。

那幅画的确不错，形象处理得非常好，构图也很讲究，小桥与蜿蜒的河流以及旁边的村庄搭配得错落有致，很有美感。

我仔细看后，发现这幅画还是有些缺点。有的父母可能会对儿子夸奖一番，这幅画也就算完成了，可我没有这样做。我认为发现了缺点就一定要给儿子指出来。

"卡尔，你不是给我描述过你想画的那种感觉吗？可从这幅画里我并没有看出来呢？"我问儿子。

"可是，我认为我已经画出来了。"卡尔不服气地回答。

"你对我说过，水在阴影中的颜色像宝石那样蓝，而且还有神秘感，我怎么没有发现呢？"

儿子摸了摸后脑勺，仔细看了看画面，又望了望小桥下的阴影，然后很不好意思地说："对了，我忘了用深蓝画水中的变化了。"

于是，卡尔又坐在了河边的石头上。

"爸爸，你看这下行了吧。"不一会儿，卡尔又把画拿了过来。

"嗯，不错，颜色比刚才要好多了。虽然这块水中的阴影已经表现出来了，可我仍然没有找到蓝宝石那样晶莹透明的感觉，更谈不上神秘感了。"我对卡尔说。其实我心里知道，儿子画成这样已经相当不错了。他连阳光下的水和阴影下的水之间不同的色调都很准确地区分出来。除非专业画家，就是经过一定训练的成年人也很难做到。

我本来想给儿子提些意见，这幅作品也就算完成了，即便有缺点，也可以留给他以后慢慢解决。

我看见他一会儿端详自己的画，一会儿又眯起眼睛仔细观察小河中的流水，一会儿又咬着笔端认真地思索。

这一次他在那里待了很久，连我都觉得应该回家了，可他仍然在那儿坐着。

"卡尔，该回去了。"我催促道。

"等一会，马上就好。"卡尔在远处答应了一声。

我看见他突然埋起头，拼命地在画面上涂抹着。嘴里还不停地嘟囔，也不知他在说些什么。

当他第三次把画拿到我面前时，把我惊呆了。桥下那片处在阴影中的水，真如蓝宝石一样美丽，富有变化，神秘莫测。

"儿子，你是怎么做的呢？"

"我发现了阴影中的奥秘，它不是一整块深蓝，而是由不同的蓝色组成的，里面有深蓝、普鲁士蓝，还有钴蓝，甚至还有一两点红色，那是岸边的花在水中的倒影……"

当时我很激动，他说的都是绘画中很专业的东西，没有人专门教他，他自己却悟了出来，可见他有着很强的观察力。

"那刚才你在那儿不停地自言自语，你在说什么呢？"

"我不停地说'蓝宝石''神秘感''蓝宝石''神秘感'，我想只要我用心去做，一定会把那种感觉表现出来的。"

面对儿子这样的回答，我还有什么话可说呢？我压抑住心中的激动，和他手拉手一起走向回家的路。

在路上，我对他说其实第二次就已经不错了，你怎么有那么大的兴趣开始第三次。

"你不是对我说过吗？做什么事都要精益求精。"

看着卡尔那股天真快乐的劲儿，我真不知道再说些什么，只能紧紧地握着他的手。

孩子容易发脾气怎么办

> 当孩子为某事要发火时，要转移他的注意力，让他暂时忘记不高兴的事，慢慢地安静下来。

当我对儿子的教育取得一定的成就后，很多认识的人以及不认识的人都会慕名而来，他们对如何教育孩子向我提了很多问题，比如：孩子不听父母的怎么办？孩子成绩不好怎么办？孩子有不良习惯又怎么办？

这些问题确实让父母担忧。但我认为只要父母能用心观察孩子，尽量站在孩子的立场看问题，这些问题是能够解决的。

有一位慈祥的母亲对我说，她儿子脾气暴躁，动不动就发脾气，真不知该怎么教他。其实，要想让孩子显得有教养，首先要弄清孩子发脾气的原因。

孩子为什么容易发脾气呢？

我认为，小孩子容易发脾气，是因为他们的感情比较脆弱，容易被激怒，心中有一种无法遏制的东西，这种东西就是由挫折感带来的负效应。孩子太小，不知该怎么排遣，只有通过发脾气才可以发泄出来。

孩子发脾气时忘掉了周围的一切，内心为怒火所控制，他感到害怕、痛苦，但是自己控制不了。孩子发脾气时很可怕，好像着了魔似的。父母不应该只注意到孩子发脾气这一现象，还要弄清楚他发脾气的原因并且采取一些可行的方法来防止他们发脾气。

我认为，父母应该尽力安排好孩子的生活，让孩子少受挫折，或者让孩子所受的挫折在能够承受的限度之内。不要过分地规定孩子应该做什么或是强迫他们不应该做什么。严格地教育是应该的，但也要有度，不能让孩子去承受他们极限之外的事。因为这样反而将孩子逼上了绝境，会让他们不知所措，情绪低落，自然就会发脾气了。不只是孩子，就是成年人有时也会有无法承受的时候，无法承受的东西。

当孩子情绪不好时，不要过多地招惹他，在他遇到困难时不要用过激的话刺激他，要等他平静下来后再去慢慢开导。

如果孩子发了脾气，应该采取相应的办法处理，以免造成更严重的后果。

在教育儿子和研究别的孩子的过程中，我逐渐积累了一些经验。当孩子为某事要发火时，要转移他的注意力，让他暂时忘记不高兴的事，慢慢地安静下来。父母在这种情况下一定要冷静，不要火上浇油，更不要用简单粗暴的方式加以制止。孩子平静下来之后，父母要加倍安慰，好好开导。有的孩子发脾气时不准人抱，抱着他就等于火上浇油，这时父母就不要硬去抱他，只需收拾好易碎的东西，让孩子不受伤就行了。一切等他冷静下来后再说。

当孩子正在气头上时，不要直接与他讲，这时他是什么都听不进去的，也是不讲理的。这时，父母更不该向孩子发脾气。发脾气就像传染病，用发脾气的方法制止发脾气是不明智的，这只能使发脾气的人脾气越来越大。

对于孩子的坏脾气，父母不应该去奖励或惩罚，应该让孩子懂得用发脾气的方式是不能达到目的的，什么也得不到。例如，孩子因为不想吃饭而发脾气，脾气发完之后，饭还是要吃的，当然父母要给他讲清楚道理。如果平时吃饭后要得到奖励，那么发脾气过后再吃饭仍然要奖励。

如果孩子在大庭广众下发脾气，父母一定不能顺从他。很多父母由于害怕孩子当众发脾气就顺着孩子，这种做法是有害的。因为孩子虽小，但也有他狡猾的一面，他们常常会利用父母的弱点，父母一定要想办法不要让孩子知道这一点。要做到这一点也不难，如果孩子当着他人提出什么要求，父母最好给予帮助，合理的要求就满足他。如果硬要等到他发脾气再去帮助他，后果就不好了。对孩子的要求要有选择地满足，不合理的要求可间接地答复他，如告诉他回家再说，或对他表示等客人走了再说等等。

孩子发脾气主要是因为自己太弱小，面对问题感到无能为力。随着他们一天天长大，他们的能力增加后，日常生活中受到的挫折也会越来越少。他也会慢慢地变得心平气和、通情达理了。

有的孩子很任性，动不动就又哭又闹，任性使气，让父母毫无办法。很多时候，父母只好迁就，这种做法是错误的，这样孩子就会得寸进尺，越来越任性。

众所周知，父母是最了解孩子的。对于孩子的脾气和性格父母应该最清楚，应该知道孩子在什么情况之下会采取什么样的任性行为。在预料到他要做出任性行为之前，父母应该采取一些预防措施，避免孩子发脾气。比如，孩子吵着要买玩具，但是父母以为没有必要，就应该对孩子说："我去问你的一个姨妈，看你这样大的孩子适不适合买这种玩具，如果她说合适，我再给你买。如果不合适，那么就不买了。"事先把不买的可能告诉孩子，孩子会进行自我调节，做好心理准备，就可以减少任性行为的可能性。

卡尔三岁时，我的一位亲戚来我家做客，他带来了自己的小女儿，也就是卡尔的小表妹。开始两个孩子在一起相处得非常好，由于他们年龄相差不大，又是兄妹，所以在一起极为投缘。可是，在一起待了两三天后，他们之间也开始产生矛盾。

有一天他们在外面的院子里玩，卡尔正在用那些木块搭建房屋，小妹妹也在兴致勃勃地给他帮忙。

卡尔像一位工程师，指挥他的表妹做这帮那。开始一切都很正常，可是后来小表妹就不听他的话了。她非要把一块圆形的木块放在卡尔没有指定的地方，他们僵持了很久。小妹妹把木块放上去，卡尔一定要把它拿下来，小妹妹又重新把它放上去……这样你来我往的不知多少回，最后终于争吵起来。

我们听见他们的争吵，就跑了出去。

卡尔怒气冲冲地坐在地上，而小表妹在那儿哭，哭得非常伤心。

"怎么啦，卡尔？"我严厉地责问他。

"她不听话。"卡尔说道。

当我弄清楚是怎么回事后开始开导卡尔："卡尔，你比妹妹大，有时也要听听妹妹的。那块圆形木块放在那儿不也是挺好吗?"

"不,那样不好看。"卡尔坚持道,说完就冲过去一脚把还未做完的小房屋踢翻了,然后头也不回地向房间走去。

儿子的做法让我感到吃惊,我从未发现他有这么任性,也从没见过他发这么大的脾气。

在这种情况下,我并没有发怒,也没有立即去找儿子,而是把坐在地上哭的小表妹抱了起来。

晚上吃饭的时候,我特意把儿子和小表妹安排在一起。

"儿子,你今天怎么那样对待妹妹呢?"我问卡尔。

"我只是因为她不服从我而生气。"

"为什么她一定要听你的呢?"我问。

"因为她不懂,而我很精通。"儿子回答。

"妹妹在搭房子时捣乱了吗?"我问。

"没有。"

"我认为,妹妹会那样做是因为她觉得那样好看。"

"可是……"

"卡尔,平时你一个人搭建筑的时候,我们都没有管你,是要你独自发挥想象力,可是今天不同了,既然妹妹也在参与,你为什么不能给她发挥想象的机会呢?"

"我……"

"今天你和妹妹在一起,不仅应该玩得很高兴,还要充分发挥你们两个人的能力去把房子搭得更好。你要记住,一个人的能力是有限的,要想把事情做得完美,就要集合很多人的力量。妹妹有些地方不会,你应该耐心地教她,而不是任性地胡闹。你想想,如果你有什么地方不懂,而我不耐心地指导你却对你发脾气,会有什么后果呢?"

我说完后,卡尔一言不发。但我知道他已经明白了我的意思。

第二天,卡尔和小表妹在一起愉快地玩耍,并且他们合力搭起了一座极为壮观的"宫殿"。

不少父母看着孩子一天天长大，却发现他们一天天在变坏，而且是越大越不服从父母。这虽然表明孩子一天天变得独立起来，但是如果缺乏管教，很容易让他们养成各种各样的不良习惯，甚至是"恶习"。

当孩子有了"恶习"时

父母教育孩子时必须维护孩子的荣誉感。任何人都需要得到别人的肯定和赞扬，这是人的基本感情。孩子在这方面表现出来的欲求往往比成年人更强烈。

孩子毕竟是孩子，在他们的成长过程中不可避免地会养成各种不良习惯。因为他们太小，对事物的判断以及对事情的处理上都显得能力有限。做父母的首先应该注意这个问题，不能把孩子的"恶习"与成人的恶习等而论之，因为孩子的"恶习"和成人的恶习比起来，性质和危害也不一样。比如说，当一个孩子说"我恨死你了"的时候，就和成人说"我恨死你了"内涵不一样。父母面对这些，应该多从孩子的立场出发，多考虑一下孩子说话、做事的动机，以免小题大做，弄假成真。

有的父母认为，只有在大庭广众下教训孩子才会树立父母的权威，令孩子口服心服。我认为这种做法极端错误。因为这种做法直接的危害就是伤了孩子的自尊心。

我教育卡尔时，从来不当众训斥他，因为教育孩子时，不应该伤害他们的自尊心。否则，在某一问题上不但不能帮助孩子，反而会让他们走向问题的反面。

自尊是一个人的基本需求，自尊心受到伤害所造成的身心危害是难以估量的，对幼小的孩子来说，尽管他不完全懂事，但自尊心多次受到伤害，对他的性格以至整个心理的健康会有很大的影响。孩子的自尊心就像一朵娇嫩的花朵，只要稍不留意就可能让它受到伤害，进而产生难以预料的后果。所以，我无论是教育卡尔或是与其他人谈及我的教育观念时，我都非常强调要保护孩子的自尊心。

我认为，父母教育孩子时必须维护孩子的荣誉感。任何人都需要得到别人的肯定和赞扬，这是人的基本感情。孩子在这方面表现出来的欲求往往比成年人更强烈。对于孩子来说，得到别人特别是父母的承认，对他们的心理健康意义重大。一个失去了自尊和荣誉感的孩子是很可怕也是很难教育的。如果当着众人，特别是孩子的小伙伴的面数落孩子，会让他感到没有脸面，羞愧难当。这样容易成为别的孩子羞辱他的把柄，久而久之会让孩子形成不良的心理障碍，影响孩子的健康成长。所以，我一直强调，对孩子的不足之处，要用适当的方法悉心教导，要掌握合理的时间，一定不要简单蛮横，不能以成年人单方面的思维去对待孩子。

在教育卡尔的过程中，无论他做了好事或坏事，我都尽力用一种平静的心态去对待他，因为教育孩子是一个最需要耐心的工作。我反对那些动不动就怒火冲天、对孩子频繁责打的父母。这些父母只能把孩子吓得浑身发抖，只能在表面上管住了孩子，实际上什么问题也没有解决。用心平气和的心态去处理有关孩子的问题，是一种最好的方法。这样，父母在孩子面前既有威严又不显得无理，既和蔼又不乏严肃。

卡尔也会做错事。每次面临这种情况时，我不会像其他父母那样总是使用"不准这样""不要这样""不可以"这些消极的、否定的词语，因为这些语言容易让孩子觉得自己一无是处，会增加他的消极情绪。我总是用积极、肯定性的语言，给儿子以明确的指导，让他的情绪变得积极。以我的经验，我这样做往往会收到较好的效果。或许儿子在我这里听得最多的话就是"这样做""努力去做"这些积极的、带有鼓励性的语言吧。

很多父母认为，为了防止孩子养成不良习惯就要对孩子的一举一动都要关注，其实这种想法也不完全正确。孩子都有自己的秘密，大孩子有，小孩子也有。许多父母没有注意到这一点，要么觉得小孩子没有什么秘密，要么就是千方百计地窥探孩子的秘密，这种想法和做法都是不对的。孩子有孩子的秘密，只是在大人看来也许还算不上什么秘密。孩子是非常幼稚的，他们心目中那种秘而不宣的东西就是秘密。父母不应该时刻窥探，对那些健康合理的、无伤大雅的秘密，父母不要过多追问，更不要干涉。这样，哪怕是两三岁的孩子也会更加信任父母，与父母更加亲密。有了这种信任和亲密感，孩子可能会把他们的秘密告诉父母。如果父母一味追问，孩子得不到父母应有的尊重、信任，就会觉得自己没有地位，反而会心灰意冷，逐渐失去积极性，甚至会关闭自己的心灵大门。

当然，尊重孩子的秘密也不意味着对一切不管不问，父母需要关注孩子的内心世界，时时加以健康地引导，对一些看似不健康的心理，要在尊重和理解孩子的前提下，去关心和引导他。

在卡尔犯错误时，我总以最简单的方式让他明白道理，而不是长篇大论和喋喋不休。在教育儿子的过程中，我发现长话短说、要求明确、大度和气往往会达到令人满意的效果。

我从来没有随意打过儿子，我认为那是一种粗暴的行为。很多父母用体罚的手段去管教孩子，只能收到一时的效果。他们不仅责打孩子，还说一些非常伤人的话，"不要你了，滚！""你太蠢了！""你不可救药！"等，这些都会对孩子产生很多不良影响。

孩子贪吃怎么办

> 很多父母总是担心孩子吃得太少或是害怕孩子不会吃，就餐时如临大敌，花尽心思，结果无形中给孩子造成一种压力。

有些父母过于溺爱孩子，总是无规律无限制地让孩子进食，从而使孩子的食欲紊乱，使他们的精力仅仅用来消化，大脑得不到很好的休息。

在这种不合理的状态下，即使实施了早期教育或其他什么教育都是白费。很多父母用他们这种所谓的"爱心"去对待孩子，在我看来真是愚蠢极了，他们的"好心"实际上是害了孩子。

我认为，不合理的饮食会对孩子产生许多负面影响，对此，并没有很多父母注意到。实际上，这是一个发生在我们身边很严重的问题。我见到过很多孩子，他们往往不知饥饱，因吃得过多而生病。

贪吃并非是孩子的天性，而是由于父母的无知和纵容所造成的。大多数父母这样做只是想加速孩子的成长，使他们的身体变得很强壮，于是就过度地对他们加强营养。只要听说有什么食品能强身健体，就不惜一切地为孩子买，毫无节制地灌进孩子的胃里。

我和妻子都非常注意这一点，我们严禁儿子随便吃点心、零食。为了给儿子加强营养，我与妻子规定儿子吃点心的时间，这个时间是固定的，并且安排得很合理。

为了儿子的健康，也为了让他不要养成贪吃的习惯，我时常对他讲吃得过多的害处。

我告诉他："人吃得过多脑袋就会变笨，心情就会变坏，有时还要生病。生病了，不仅让人难受，而且也不能学习和玩耍了。不仅如此，孩子一生病，爸爸妈妈为了照顾孩子，也会耽误很多事。这就是一人生病，全家受累。"

为了让卡尔懂得健康合理饮食的重要性，一般有朋友的孩子生了病，我都会带他去探望，让他能够直接体会生病的痛苦，这对他是一种很有效的教育。

有一次我带着儿子散步，遇见了一个朋友的儿子。

"家里人都好吧？"我首先问道。

"谢谢，还好。"他说。

"听说，你弟弟生病了？"

"是的，你是怎么知道的呢？"他惊讶地问。

"我知道，因为圣诞节刚过。"

我并不是乱猜。因为我知道那个孩子特别贪吃，圣诞节过后准会生病的。

果然不出所料，于是我就带着儿子去探望。到那儿一看，那孩子既不是肚子痛，也不是头痛，只是叫个不停。

在谈话中，我问清楚了孩子的病因，果然不出所料，因为他吃得太多了。

一般在这种情况下，我和对方谈话时，总是注意让卡尔坐在身边，以便了解事情的真相。

为了让卡尔在饮食问题上不受到损害，我特别注意培养他的饮食习惯。吃饭之时，尽量让他愉快进餐。

我认为，让孩子愉快地进食有利于增进他身心的各方面发展。

对孩子来说，食物不应该是一种款待，也不应该是一种义务，千万不能用食物贿赂他，也不要用不让他吃来惩罚他。父母完全没有必要去浪费时间和精力把食物当作奖励或惩罚威胁的手段来管教孩子。把管教孩子和食物分开，给孩子营造一种和谐轻松的进食气氛和环境，才是最重要的。要让孩子独立自主轻松愉快地进食。

很多父母总是担心孩子吃得太少或是害怕孩子不会吃，就餐时如临大敌，花尽心思，结果无形中给孩子造成一种压力。久而久之，孩子把吃饭当成一种负担，这不仅会影响孩子的进食，还会给父母带来多余的麻烦。

父母们应该知道，只要为孩子提供足够的食物，完全可以相信他不会挨饿。只要孩子不是太贪吃，就应该让他感受到吃东西是一件重要和愉快的事情，是一件自己想做并能做的轻松自然的事情。应该注意，不能让孩子觉得吃就是唯一的乐趣，不要让他养成贪吃的习惯。

卡尔基本上没有因为吃得太多而伤害了他的胃的情况。到朋友家里，主人总是要热情地拿出点心来款待。不管是多么好的点心，都难以让卡尔动心，他是坚决不会多吃的。

朋友们看到儿子的反应，认为这不是孩子的本意，可能是我管教过于严格的结果。但事实并非如此，这是儿子自愿的，因为他已养成良好的饮食习惯。

朋友们之所以那样说，是因为他们在用自己的和自己孩子的标准来衡量卡尔，他们无法理解卡尔的自制能力。

其实，这没有什么难的，只要从小注意培养这种习惯，孩子们很容易就会像我儿子那样做得到。

我教儿子合理支配钱

> 我给卡尔钱，是为了让他从小就懂得如何支配自己的钱，也让他懂得劳动与报酬间的关系，让他从小就对这方面留下深刻印象。我总是在孩子做了正确的事时才会给他钱，而不是随随便便地乱给。

卡尔快 5 岁时，已经积攒了一笔对于孩子来说算是数目不小的钱了。从那时起，我就开始指导他怎样支配那些钱。

我认为，从小对孩子进行严格教育，当然包括教他如何使用钱，这是一种能力。它直接关系到一个人一生的发展和幸福。

我把这种教育称作理财教育，它是我教育卡尔的一个重要部分，也是培养儿子素质的重要内容。

我认为，理财能力是孩子将来在生活和事业上必须具有的重要能力之一，这种能力的培养应该从少儿阶段开始，准备得越早效果也越好，否则将会非常被动。

孩子很容易犯错，但不应该处处纵容。年少的孩子没有固定的收入，没有成熟的金钱意识，他们不知道怎样管理好自己的钱，但有强烈的用钱欲望。这就容易导致孩子在用钱方面出现种种错误，这些错误直接关系到他们本身的成长。

所以，同其他方面的教育一样，从小我就对卡尔进行这方面的教育。

通过调查，我发现一般孩子在用钱时会犯类似的错误：滥用父母的钱；

超前消费；仅仅把钱当作满足物质愿望的一种工具；不考虑积蓄，用钱比积蓄的还多；个人的购买欲望过多；消费时没有节制，不用光不罢休；只在花钱时才有一种满足感；轻易相信别人的承诺；花钱没有规划。

这些都是孩子在用钱时容易出现的毛病，培养他们正确的金钱观，是他们在未来必须具备的一种能力，也是每个家庭基本的责任和义务。

有些父母对孩子的用钱要求总是有求必应，无条件满足，过分放纵孩子的物质欲望，结果滋长了孩子的恶习。成年之后，他们就要依靠自己的有限收入支配生活，碰到一些重大情况，需要自己作出决定时他们就会显得手足无措，缺乏合理地支配能力和心理承受力。

我给卡尔钱，是为了让他从小就懂得如何支配自己的钱，也让他懂得劳动与报酬间的关系，让他从小就对这方面留下深刻印象。我总是在孩子做了正确的事时才会给他钱，而不是随随便便地乱给。这点我在前面已经谈过。

孩子在 3 岁左右时就开始萌发出一种独立的自我意识，生发出"我自己来""我会做""我能做"的自我意识和表现欲望。所以在儿子 3 岁左右时我就开始对他进行这类教育。和其他教育一样，这种教育对孩子来说是自然恰当的。它必然会像其他教育一样，为孩子的成长提供丰富养料，我想很多父母认为孩子小时候不应该接触金钱，是一种错误的看法。

我认为教孩子学会用钱，并不是教育的目的。也不是为了让孩子学会攒钱或一定让他经商，而是要让他成为一个自立健全的人。要做到这一点，基础品质的培养显得尤为重要。

首先，应该让孩子学会诚实。因为这关系到他将以一种什么态度处理那些事关钱财的事以及由此带来的他人对他的评判。而且，如果这方面有问题，会给他以后带来麻烦。

对卡尔这方面的教育我采用了一些这样的方式：

我给儿子讲述一些能够阐明诚实品格的现实事例或一些书籍中的故事，这样便在他的头脑中形成了有关诚实或不诚实的概念。

我时常认真审视自己的行为，我的行为给孩子留下什么印象？我是否在儿子面前讲过一些谎话？

通过这些培养，卡尔渐渐养成了诚实的品质。特别是到了上学年龄，我就开始鼓励他用自己的标准来判定某一行为的是非。我激励他在面对生活中真正艰难的选择时，做到诚实、守信、积极进取。

我时常告诫卡尔，让他懂得在金钱面前保持自尊。

我认为，应该给孩子一种家庭安全感，父母要善于倾听孩子的心声，遇到了一些问题，也要多征求孩子的意见。

让孩子有成功的满足感也极为重要。每个孩子都需要在某件事上获得成功，经常给孩子一些增强自信心的机会，允许他们选择自己认为能够成功的事情，而不是一味地替孩子做决定。

我注重让儿子体会到自身的价值，并从中获得一种喜悦感。一个孩子若发现了自身的价值，他会产生一种发自内心的幸福感。发现孩子的独特点，经常给予真诚的表扬，有助于他保持自尊。

在对卡尔的理财教育中，我让他学会节俭，认识每件东西的价值，不要让有价值的东西无谓地浪费。对每一个家庭而言，持家是非常重要的，我们应该教会孩子认识每件东西的价值，因而爱惜保护它。

我时常让卡尔做一些力所能及的事，并让他从这种劳动中得到他自己想要的东西；经常和他一道讨论地球上的自然资源，告诉他金属、木材以及纸张从何而来，要他认识到这些东西非常有限。如果他因滥用或疏忽大意让物品受到破坏，我会让他自己尝试修理。

我教育卡尔要爱财但不要贪财，财物虽然可以给我们的生活提供支持，但它却不能创造一种真正有意义的生活。

我是一个俭朴而克己的人，也注重将这种家风传给儿子。孩子决定着一个国家的未来，如果主宰国家未来的是贪图享受、奢靡腐化的一代人，那么这个国家将不堪设想。

满足感是俭朴的根本所在。"知足常乐"的态度对朴实品质的养成有一定的作用，我常常用这句话来教育卡尔，不要太贪心了。

我常常和卡尔谈论俭朴带给人的是自由，而不是束缚。我们把谈话的重点放在美、友谊之上，认识到人的价值高于物质的价值。

　　要养成朴素之风并非易事，但让孩子时时记住"在所有的事情中，忠爱简朴"这句话，那么他俭朴的好习惯便会渐渐形成。

第十三章

心理素质·培养孩子良好的心理素质

勇气的力量

让孩子变得有胆量，有勇气战胜自己的弱点比那些所谓的保持风雅更加重要。

无论一个人多有才华，无论他知识多丰富，如果他是一个懦弱的人，如果他缺少勇气，那么他最终只能成为一个无能的人。

对此，我深信不疑。因为勇气是一个人积极进取的动力。

父母都深爱自己的孩子，这是种天性，不可否认。然而，有些父母对孩子的爱似乎太"过分"了。他们常常因担心孩子受到伤害而过度呵护孩子，让孩子像温室里的花朵一样成长。这无疑是愚蠢的。

我想，如果仅仅担心孩子的安全，而忽略培养他们的勇敢精神，这样的孩子即使体魄强壮，将来也是个无用的人。充其量，也只能算是一块看似坚实实则软弱的沙石，不可能成为栋梁之材。

我在对儿子的教育中，把培养他的勇气看得很重要。现在儿子的心目中形成了这样的概念：勇敢和坚忍是受人尊重的，懦弱和胆小是被人瞧不起的。

他从小就明白勇气的价值。

有一次，他和别的孩子一起做游戏。手指不小心被同伴弄出了血，疼痛让他难以忍受。但他在心里告诉自己一定要忍住。最后，他强忍住快要流出的眼泪，表现出一副若无其事的样子，继续和同伴们玩。

后来，卡尔告诉我，他不能让同伴看到他的软弱，如果他因此流泪，同伴也许会瞧不起他，就不愿意再和他一起玩了。

　　勇气与其他方面的能力一样，不是与生俱来的，也要经过严格的培养。卡尔很小时，我就非常注意这方面的教育，让他懂得勇敢对于一个人来说是很重要的。

　　正如我所说的，卡尔并非天生就是有勇气的孩子。小时候，他的胆子也很小，有时甚至不如一个小姑娘。

　　有一次，邻居的孩子莫丽在玩耍时因为太高兴便把帽子抛向空中，以示欢喜。可是，她却没有把握住方向，结果，帽子挂在了一棵树的树枝上。

　　莫丽想尽了一切办法，又是摇树干，又是用石块打，但还是弄不下来。于是，她决定爬上去。

　　由于她是个小姑娘，个子又小，也没有多大力气，努力了几次也没有爬上去。怎么办呢？她只好向正在旁边玩的卡尔求救。

　　卡尔的年龄比莫丽大一些，个子也高出许多，按道理他应该能爬上去，可是卡尔却拒绝了她。

　　恰巧我看到了这一幕，便走过去问卡尔："卡尔，你为什么不帮助莫丽呢？"

　　卡尔说："那样太危险了，会摔下来的。"

　　我说："这棵树并不高，不会有什么危险，只要牢牢抓住树枝就不会摔下来。"

　　虽然我一再告诉卡尔没有危险，但他还是显得很害怕。于是，我便脱掉外衣，开始攀爬。虽然我已经能够取下那只帽子，可我没有这样做，而是在树上对卡尔说："卡尔，爸爸都快成老头了，还能爬上来，你也可以的，你看，没有危险吧。"

　　看见我这样，卡尔便没有再拒绝，当我从树上下来后，他答应试一试。

　　开始，卡尔还是很害怕，可是当他一步步地爬上高处时，便不再害怕了。他大声对我说："原来这并不可怕呀！"说着，他取下了莫丽的帽子并还给了她。

　　此后，卡尔不再像以前那么胆小了。

　　尽管我教孩子爬树在许多人的眼里是一种有失文雅的举动，但我确实这样做了。在我看来，让孩子变得有胆量，有勇气战胜自己的弱点比那些所谓的保持风雅更加重要。

我非常赞同英国人培养孩子的某些做法，因为他们总是把培养孩子的勇敢精神放在第一位。英国的小学生有所谓的童子军，经常组织小学生去探险。显然，他们的目的正是要孩子在险恶的环境中学会生存，锻炼他们的勇气以及探索新鲜事物的热情。

某些成年人认为某些事情看起来危险，觉得不适合孩子们做的，实际上孩子是可以胜任的。只是父母出于爱心或对孩子的能力没有正确的认识，往往会阻止孩子去探索新事物，熟悉新环境，剥夺了孩子锻炼自己的机会。我认为，受到过多呵护而长大的孩子，一般会有缺乏勇气的弱点，这对他的人生会产生不良的影响。

对孩子的成长而言，碰伤了膝盖是容易治愈的，而受了伤的自信心和没有被开发出来的勇气是永远无法弥补的。对此，我深信不疑。

有很多事实可以证明，父母对孩子的过分保护会让孩子失去自信心和勇气，变成一个没有勇气的人。这种孩子依赖心过强，甚至认为自己无能。"其他小伙伴能做的，我却不能做，这是多么的不公平！"

因此父母越是怕孩子冒险，去阻止孩子做某件事情，孩子越是反感。如果他内心失去平衡，有时会产生逆反心理，会固执地去做父母不让他做的一切事情。

在锻炼孩子的勇气方面，英国人的做法是值得我们学习的。我听说过这样的事：英国西南部的瓦伊河畔，有一所由少年探险组织建立的河流探险训练中心，专门为孩子提供探险的机会，以训练他们的勇气和坚强的意志。

在这里，孩子们每天一早就来到河边，由专门的人负责教他们游泳和划船。训练是艰苦而紧张的，每一次练习都有孩子落水，也有些人受伤。在激流中拼搏，需要坚强的意志和勇气。孩子们在这里不仅仅学习了划船等技术，还锻炼了他们的意志，培养了勇敢的精神，同时也懂得了互相团结合作的重要性。

在英国很多地方都有类似的活动，其目的不是为了单纯地学习某种技巧，而是为了锻炼孩子的意志和勇敢精神，为以后的工作和生活做好各方面的准备。

我认为，这种做法值得提倡和推广。

独立意识

真正具有独立精神的人都有一种强烈的自我意识。他们不过分依赖于他人，形成自己的独立意志，做出自己的决定。

我认为，孩子自己能做的事，就让他自己去做，千万别替他做，这是一个重要的准则。我一直是按照这个准则去教育卡尔的。

替孩子做他们能做的事，会严重打击他们的积极性，他们也会因此而失去实际锻炼的机会，这样做就好像在告诉他们："我不相信你的能力。"

有个孩子父亲去世得很早，母亲便加倍疼爱他。当孩子4岁了，母亲还是整天喂他吃饭，替他穿衣穿鞋。当他长得再大一些的时候，他仍然不会自己吃饭，不会自己扣衣服上的纽扣，也不会穿鞋。而和他同龄的孩子这些小事都做得很好，相比之下，他则显得手忙脚乱，很是狼狈。有人告诉他的母亲，让他学会自己去做这些事情，到了这个年龄的孩子自己应该能够做到的。可他的母亲却说："我爱他，我宁愿为他做更多的事情。"

这位好母亲并不知道，她这样做对孩子的发展是有害的。实际上，她对儿子的爱等同于对儿子的同情。还认为自己是一个好母亲，因为她为这个孩子付出了一切。但她的做法实际是在告诉儿子：你自己是没有能力的。这种超常或过分的爱会引起诸多的负效应。孩子如果产生了极强的依赖性，做什么都不会很积极，也不想试着去学习，只会顾及他自己。如果有一天妈妈不再这样照顾他，他就会有失落感。

　　母亲这种无私实际上是自私的，因为她忽略了儿子自身成长的需要。

　　等孩子长大之后，这位母亲还是一如既往地替他做事情。很多事孩子自己做不了，也不愿意去学，这样他感到自己不如别人，甚至觉得自己是一个无能的人，没有勇气和同学们在一起。

　　这样的孩子，当他面对着一个全新的世界时，他会手足无措。

　　如果我们总是替孩子包办一切，就相当于在告诉孩子，我们比他们强，比他们灵活，比他们有能力，比他们有经验，比他们重要。我们在显示我们的伟大，他们的渺小。在这种教育下成长的孩子，尽管有着好的外表，也会显得畏畏缩缩，缺乏勇气与能力。如果没有了独立的能力，怎么会有一个美好的将来呢？

　　妻子在培养卡尔自己做自己的事情方面做得很好。

　　当卡尔到了自己能够学会穿衣服的时候，她就开始让他自己尝试，而不是替他做好。她一边教他，一边看着他自己穿好。她不会催促他，而是慢慢地说："你自己可以穿上的，慢慢来。别忘了，你已是一个大孩子了。"如果卡尔还是认为他自己做不到，她并不理会这些，继续鼓励他："你自己肯定能穿上。妈妈闭着眼睛数十下，看你能不能穿上。"这时卡尔可能继续下去，也可能开始哭起来，不再做任何努力。这时母亲就不再理他，当卡尔发现他的哭闹并不能引起母亲的同情时，他愿意继续尝试靠自己解决自己的问题。事实证明，卡尔很快就学会了自己穿衣服。

　　我和卡尔的母亲就是从这些小事着手，开始培养儿子的独立意识。

　　德国古代的时候，儿童就被当作独立的成人来对待。贵族们往往让自己的孩子离家到另一个城堡的其他贵族那里学习怎样做真正的骑士。他们认为就是在离家独立成长的过程中，才能让孩子具备一个骑士应有的素质。可见重视孩子的独立意识，是我们民族的一个优良的传统。

　　其实，考虑到孩子还是一个未成年人，他们的能力和性格都有自己独特的一面。我们要放手让孩子去锻炼，学会挑战困难，以此来培养孩子自立自强的品质，这种传统意识至今并未遭到摒弃。很多父母甚至认为，这点比传授知识本身显得更加重要，这种做法应该提倡。我也是这样教育卡尔的。

当孩子感到不安和无能为力的时候，会本能地到父母那里寻求安慰，他们知道父母的爱会给自己温暖与支持。为了确保能够一直获得这种舒适的感觉，有些孩子在感情上一直很依赖父母。而他们不知道，当他们交出了自己独立支配情感的权利，也就不得不接受他人对自己情绪的支配。

一些在这方面有心理障碍的人，在情绪上往往有极强的依赖性。他们缺少自我，不能依靠自己获得心理满足与安全感。为了支持自我以致在思想、价值和行为上，他们都依靠别人。他们按照父母或其他权威者的方式去思考和行动。他们的自我感实际上是他人的反映，而一旦他们所依赖的精神世界出了问题，他们就会陷入一种绝望而危险的境地。

我认为，真正具有独立精神的人都有一种强烈的自我意识。他们不过分依赖于他人，形成自己的独立意志，做出自己的决定。一个人的自我实现方向决定了他的行动。"伟大的人立志满足他们自己，而不是满足别人。"

依赖性相对而言显得比较隐蔽性，所以对父母的要求要更高一层。父母也要扪心自问自己对孩子的爱当中是否有这种自私的成分：知道应该让孩子独立，但由于害怕失去孩子，总希望孩子生活在他们为孩子所安排的状态里。

替孩子做太多的事，会让孩子失去实践和锻炼的机会。不仅如此，若过分地为孩子做事，实际上就等于告诉孩子他什么也不会做，是个无能的人，他们必须依靠父母才能生活。在这种环境中长大的孩子，很难适应社会，他们会到处寻找依托，独立意识便无从谈起，这实际上是害了他们。他们不知道，除了父母是没有什么人能够像父母一样去照顾他们的。

我注重培养卡尔的独立精神。当他还是婴儿的时候，我们就让他单独睡在摇篮中，而不是母亲的怀抱里。严格规定儿子的哺乳时间，不到规定的时间，任他怎样哭闹，妻子也不会随便喂奶。

有人认为这种行为方式有些残酷，实际上从幼年开始教育训练孩子的独立精神是十分必要的。无微不至的关怀往往会造成孩子的低能，同时也不会为孩子全部接受。进入少年期的孩子往往对父母会有逆反心理，实际上这是对父母关怀他们的一种反抗。他们不愿让别人看到自己是个无能的人。他们需要在他们面前证明自己的存在，显示自己的能力，因而很自然就会反抗父母的包办。

培养孩子的心理承受力

心理承受力差的人很容易被困难打垮，而坚强的人往往在挫折中能找到成功之路。

从一个人成长的一般规律看，逆境、挫折更容易磨砺人的意志。顺境当然可以出人才，逆境更能造就人才。在逆境中经过挫折而成长起来的人，具有更强的生存能力和竞争力。因为，逆境中奋斗的人既有失败的教训又有成功的经验，更加成熟。挫折对他们是一种财富，他们更能明白成功是建立在失败的基础上的，因此会以一种更加积极乐观的心态面对挫折。

要想让孩子能够学会有勇气面对挫折，必须从小磨炼他们的心理承受力。

挫折意味着遇到困难或是失败，挫折感就是困难或失败带来的一种心理感受。当然这种感受并不好，因为它让你的需要很难得到满足，甚至是得不到满足。然而对不同意志的人来说，挫折的意义也不一样。

我时常告诫儿子，人的一生会遇到很多困难和挫折，但我们必须学会坚强。我告诉卡尔，心理承受力差的人很容易被困难打垮，而坚强的人往往在挫折中能找到成功之路。我教育他学会面对失败，否则无法坚持做成一件事。我教他从一开始就学会忍受失败带来的负面影响，并勇敢地面对它。

我告诉儿子，为了避免失败而选择逃避，是一种低劣的顽固的心态。一些品行不好的孩子就是这样，他们通过拒绝学习来逃避考试，越是这样，自卑心就越强。而且，他们为了给自己寻找一种心理安慰，往往会贬低自己不愿意干的事，或攻击勤奋的人"虚伪""愚蠢无知"等。他们会说"失败"就意味着特立独行、有个性等，借此给自己一份虚假的自豪感。

我尽力让卡尔懂得一个道理：犯错误，甚至是失败都是通向成功的必由之路。关键我们要尽自己的努力，并学会正确地面对它。

我告诫卡尔：无论在什么情况下都不要走极端。有些爱走极端的孩子，甚至会用自残来避免失败，他们害怕不能满足父母或老师的期望而焦虑甚至恐惧。少年时，掩盖对失败的恐惧感的最常用的方式是酗酒、打架。我认为，这些坏行为都是孩子到了最在乎别人对自己看法的年龄后才开始的，并非巧合。

很多经验告诉我们，只要从小培养孩子勇敢、坚强、自信的心理，用一种理解、信任、鼓励、谈心的方式帮助他们，就能减少一些不良的极端行为。

我认为，人的自我欺骗的能力是无穷无尽的，因而我注重教育卡尔以现实为基础进行思考。一个人只有面对现实，才会有所成就。很多人不能面对现实，整日沉浸在幻想之中，就是一种逃避现实的心理。

虽然，人总是不可避免地受制于逃避现实的心理，但必须学会面对现实。我时常这样教育儿子，尽量让他的行为既有利于自己又有利于别人。

为了防止儿子形成自欺欺人的心理，我教育他要按照世界真实的样子认识它，并据此做出恰当的反应和决定。

许多父母没能教会孩子这方面的技能，反而教得孩子不能面对现实。有些人总想保护孩子不受残酷现实的影响，结果更加强了他们的逃避心理。在我看来，这些父母不自觉地犯下了一种罪。

我对卡尔采取的做法是：不管有多么痛苦，都要帮助他正视现实。当我向儿子解释事实，教他处理问题时，他就会渐渐明白：父母有能力来面对和应付那些困难的处境。

每当这时，卡尔会说："我也能。"

"静下来"的游戏

有了好的控制能力，孩子就能正确地认识自己，并且对周围的干扰无动于衷，以一种轻松的心情面对一些不好的事情，而不是很容易被激怒。

我们知道，一个人力气再大也无法把自己提起来。要战胜自己并不是一件容易的事，而能战胜自己就意味着成功自控的开始。

情感的自我控制是一个人必备的基本素质，也是一个人走向成熟的心理要素之一。我认为，要想让孩子学会控制情感，必须以情感为基础来解决情感问题。

我曾经用"静下来"的游戏来训练儿子的自我控制能力。

卡尔全神贯注，要把绿棍下的红棍取出来。因为他太专心，他的手开始有些发抖。他只有在不碰到黄棍的情况下，把红棍移动四分之一英寸，才可以把红棍拿出来。这时我对着他的耳朵吹了一下，弄出点噪声，并不停地与他说话逗他，试图分散他的注意力。但卡尔完全不为所动，慢慢地做深呼吸，放松肌肉，紧紧盯着目标。他知道，要想赢得这场游戏，就不能受到我的影响，要集中自己的注意力。他暗暗告诉自己："只看眼前的目标。"果然，他把红棍取出来了，而且没有碰到其他棍子。

我认为和卡尔玩这种"静下来"的游戏，可以帮助他对付别人的干扰。这个游戏的规则是要求参加者在一定时间内从一堆木棍中移走一根，不能碰其他木棍。

　　虽然内容很简单，但需要参加者能集中注意力，具备很好的动作协调能力，这样做是要教会儿子学会控制情感。卡尔玩时，我可以在一旁以任何方式取笑他，但不能碰他。每取出一根木棍，就得一分，如果没有受到取笑的影响，就得两分。

　　我认为，这种游戏对教会儿子控制情感很有用。儿子在遭到我的取笑时，他不但要知道怎么做，还要告诉自己学会控制自己的情感。

　　训练儿子认识和了解情感在身体上的反应非常重要。这样他就能逐渐学会自我控制。

　　当孩子生气时，脸色通红，身体发紧，这种过度紧张的状态，在姿势、面部表情和体态上都有表现。而这种"静下来"的训练方法是要孩子首先认识这些标志，然后通过深呼吸、分散注意力等方法，使自己身体平静下来。

　　有了好的控制能力，孩子就能正确地认识自己，并且对周围的干扰无动于衷，以一种轻松的心情面对一些不好的事情，而不是很容易被激怒。这对他们在学习和生活上都有很好的作用，并能够在将来的生活中协调地处理一切人与人之间的关系。

尽量争取与果断放弃

> 只要你发挥自己的长处，你就会成为不同领域中的英雄。一些你不适合做的事，你要学会放弃。其实，能够真正面对自己的人，才算是真正的大英雄。

我的教育宗旨是让一个人得到全面的发展，这点我已经提到过。在儿子的早期教育中我特别强调多方面的培养。只要儿子愿意，他想学的我都尽量满足他。只要是对儿子成长有利的事，我都不会反对，也不限制。

很多父母总是希望孩子能够成为他们想象中的人才，过早地为孩子选定发展方向，按自己的喜好培养孩子，这对孩子的健康成长极为不利。

某些父母由于自己喜欢艺术就逼着孩子去学习绘画、音乐，根本不顾孩子的感受，也不会用有效而正确的方法引导孩子。这样的做法只能让孩子反感，还有可能抹杀掉孩子自身的爱好。每当看见那些被父母逼迫坐到钢琴前的孩子，我就感到心痛。我认为，那些孩子根本就不是在受教育，而是在受折磨。从小就在痛苦中学习，他们怎么能够热爱学习呢？在父母的皮鞭下涂抹颜色的孩子可能成为画家吗？

卡尔在早期教育中学会了很多知识，爱好也很广泛。但这些都是他主动要求学的，并且每做一件事都有着强烈的兴趣。他在学习和爱好之中找到了乐趣，享受了美好的童年。

我并没有要求卡尔在各方面都能做得最好，这是不可能的，也没有必要。培养全面的人才并不等于造就无所不能的超人。人不是万能的，所以不可能面面俱到。

我一直鼓励儿子从事艺术方面的活动。他喜欢画画，喜欢音乐，我都给予他支持和鼓励，因为这些爱好有助于增强他的想象力和创造力。但这并不意味着我要把他培养成一个艺术家。当然，如果是出于他的本意，如果他想成为艺术家又是另外一回事。

当孩子迷上了某种与他天赋不适应的事情时，父母有责任帮助孩子做出选择。因为多方面培养意味着面面俱到或平均力量，还必须看环境、条件是否允许，尤其是要根据孩子的身心特点、兴趣爱好、发展前景，进行针对性的教育。年幼的孩子天生都很自信，即使面对无法逾越的困难和无数次失败，这种自信也丝毫不会减弱，这当然是非常好的事。也许在大人早就看出没有可能成功的事情，小孩子却天真地相信只要坚持下去，最终会成功的。我认为，孩子有这样坚韧的毅力是令人赞叹的。但是，在孩子不能对自己做出正确判断的时候，父母应该承担起这一重任。

不能让孩子在没有成功可能性的路上白白地浪费生命。一旦遇到这种情况，父母应该抓住机会教他学会现实地思考问题。这是孩子渐渐走向成熟的关键所在。

我时常对卡尔说，能够争取的就尽量争取，应该放弃的果断地放弃，因为这是一种智慧，也是一种人生考验。

在儿子学习演奏乐器的时候，因为我们的出发点在于培养他的爱好，让他的手指变得灵巧，并且通过音乐陶冶他的性情、开发他的智力，所以他偶尔弹错几个音时我并不会责骂，也不会为这些失误而失望。孩子喜欢练琴，即使弹得不完美，也是一件好事。因为这样不仅培养了他的兴趣，也促进了他智力的发展。

记得在卡尔大约八九岁时，有一天他突然告诉我他不想学习语言、数学等知识了，他想成为一个英勇的武士，想成为一个威武的将军。

八九岁的孩子都有成为英雄的欲望，这几乎是每个孩子成长过程中都会出现的情结。我了解孩子的心情，他们这时正处在既懂事又不懂事的阶段，他们对未来充满希望而又显得太着急，他们想成功，想征服世界，几乎所有孩子的抱负都是从这个时候开始的。我本人八九岁时就是这样。这个阶段，父母对孩子的正确指导特别重要。否则，孩子会在不成熟的心理中做出错误的选择，浪费宝贵的时光。卡尔想当武士，想成为将军就是基于想做英雄的情结。为了让他懂得做人的道理，我并没有像一些父母那样简单地否定他，而是先给他讲当武士必需的条件后，再慢慢开导他。

"儿子，你忘了我给你讲过的那些故事吗？那些东方的武士是多么的英勇啊！"

"是啊，我就是想成为那种英勇的武士，行侠仗义，杀富济贫。"儿子充满憧憬地说。

"他们从小苦练武功，访遍名山拜师求艺，最终才成为大英雄。"

"你想当武士很好，但我们都无法为你提供帮助，你怎么学呢？"我问道。

"我就去东方，去中国，去日本……"

"那当然好，可是到了东方，你就一定能找到那样的老师吗？找到后他就一定会教你吗？更重要的是，我给你讲的那些故事毕竟是故事，不一定是真实的。你想想，一个人能够一下跳几十米高吗？我想那是不可能的。那些故事是为了给人娱乐，给人想象力。我给你讲那些故事，是为了让你学习那些武士的勇敢精神，并不是一定要让你成为武士。"

这时，我看见儿子的表情很失望，又继续开导他。

"再说，现在的时代已经与古代完全不同了。古代的英雄和将军，必须亲自上阵，自己拿着刀剑上场拼杀，因为那时的科学比较落后原始。现在的将军必须要有过人的智慧，要掌握各种各样的知识，而不是仅仅凭借武力去拼杀。"

"儿子，你要记住，人各有所长，也各有所短，你要清醒自己的长处。你的数学、语言、文学都学得非常优秀的，干吗要放弃它们呢？每一个领域里都有英雄，而不单单是在战场上。如果你成为文学家，会给人类带来极大的精神财富，如果你成为发明家，会为人们创造出多少有用的东西啊。只要你发挥自己的长处，你就会成为不同领域中的英雄。一些你不适合做的事，你要学会放弃。其实，能够真正面对自己的人，才算是真正的大英雄。"

卡尔听我这样说后，明白了其中的道理。这时他对英雄的含义有了真正的认识，也懂得了既要争取又要放弃的道理，这对他以后的发展有很大的作用。在以后的日子里，无论面临怎样的境况，他都能够运用自己的理智做出正确的选择。

教儿子如何面对失败

有些父母对孩子遇到失败后的恐惧心理不但不给予适当的鼓励，反而会责怪他"太笨""太蠢"等等之类，这样做不但不能帮助孩子鼓起勇气面对失败，反而会让他的心理压力越来越大。

生活中我们常常会看到一些人对自己缺乏信心，做事都畏畏缩缩，不敢自己做决定，对任何事也不能负责任。我想这种缺乏自信的人，他们的内心真正的焦虑可能是因为害怕失败。

众所周知，人的一生难免会遇到许许多多的失败，如何去面对失败，是每个人都无法回避的。对于小孩子来说，能否正确面对失败，如何才能面对失败，往往决定着他们今后人生的幸福与否。

有些孩子在做某件事失败后，就会产生心理压力。这样一来，本来能够做好的事也无法做好了。

遗憾的是，有些父母对孩子遇到失败后的恐惧心理不但不给予适当的鼓励，反而会责怪他"太笨""太蠢"等等之类，这样做不但不能帮助孩子鼓起勇气面对失败，反而会让他的心理压力越来越大。

我想，在孩子做某件事遇到困难或失败时，能够宽容地对待他，并帮他找回自信是父母应尽的责任。

根据我个人的经验，我认为宽容对孩子正确面对失败也有好处，也就是说在一定的时候允许孩子失败。

　　为了让卡尔从小体魄健康，平时除了让他加强锻炼外，我还经常为他组织一些有趣的体育活动。

　　有一次，我为卡尔和他的小伙伴们组织了一次射箭比赛。虽然孩子们都是第一次当箭手，但其中有好几个孩子都射得很好，就连我也为他们的射箭天赋而惊叹不已。

　　可是，一向聪明的卡尔在这个方面却表现得并不出色。他笨手笨脚，不是对不准靶心就是掌握不好力度。看见小伙伴们一次又一次地命中目标，卡尔灰心了。

　　卡尔是个很好强的孩子，这种局面令他难受极了。

　　在孩子们兴高采烈地继续比赛时，我悄悄地把卡尔叫到了一旁。

　　"卡尔，怎么啦？你为自己的落后而难过了吧？"我关切地问道。

　　"是的，我觉得自己太笨了。"卡尔回答。

　　"你怎么会这么想呢？每个人都有自己的长处和短处。虽然你的箭没有他们射得好，但我相信你多射几次就一定能掌握其中的诀窍。"我安慰道。

　　"可是，我已经尝试了很多次了，每一次都失败了。我想我再也不可能超过他们了。"卡尔心灰意冷地说，"我都有点害怕了。"

　　"害怕？你害怕什么？害怕失败吗？"我问道。

　　"是的，我越射不准就越害怕，越害怕就越做不好。"卡尔说道。

　　"我想，你射不准并不是你在这方面真的不行，也许是你害怕失败的心理影响了你。你在其他方面都是最优秀的，在射箭上也不愿落后于别人。从一开始你就有心理压力，而这种压力正是你越来越射不好的原因。"我说道。

　　"是的，爸爸。我就是因为害怕不如他们才射得这样糟的。"卡尔说道。

　　"既然这样，为什么不放开自己呢？而这也只是个游戏，谁胜谁败并没有太大关系。"

　　听我这样说，卡尔深深地松了一口气，他重新回到赛场上。结果这一次，卡尔射得非常好，连发三箭都射中靶心。

　　为什么卡尔突然之间就从一个根本无法命中目标的门外汉变成了一个优秀的小射手了呢？我想正是我那句"谁胜谁败并没有太大关系"起了作用。

由此可见，允许孩子失败是帮助孩子战胜失败走向成功的关键。从卡尔出生，到后来学说话，学走路，这个过程中他不知失败了多少次，但最终还是成功了。我想这就是所谓的没有失败就没有成功的道理吧。

失败并不可怕，可怕的是害怕失败的心理。

不排除害怕失败的心理，久而久之，孩子就会对所有事情表现冷淡，甚至是再也不会参加任何活动了，这对他的健康成长非常不利。这种心理会导致孩子变得自闭、忧郁、沉默，这样的人怎么会有快乐的性格和美好的人生呢？

无论儿子做什么，只要他不违反一般的原则，不损害自己和他人，我都尽力支持他去尝试。我认为，只要他有了不怕失败的勇气，再加上适当的引导，一定会成功的。

第十四章

教育理想・把儿子培养成全面发展的人

对儿子的精心安排是想造就全面发展的人

> 我从来不想把儿子培养成某一方面的天才，也从来没有过分地向别人炫耀他的才能。

没有任何艺术的生活，就如同荒野一样。我认为，为了让孩子的一生过得幸福且丰富，父母有责任让他们具备一定的艺术和文学修养。

我的教育理想是想造就身心全面发展的人才。对于儿子，我非常重视他智力、品德、身体各方面的发展。

只知道空读书的人，很可能就是一个书呆子。这种人弱不禁风，做不了任何有用的事。我不愿意儿子将来成为这种人。感谢上帝，事实上他也并没有这样。

有的人体魄强健，但没有知识和品德的支撑，他们的强壮显得单薄无力。这种人或者粗暴，或者迟钝，他们只能依靠体力过生活，只能对社会做出有限的贡献。另外有些人没有受到教育，他们无知、愚昧，甚至凶狠、残暴，不仅不能成为有用的人才，还给社会带来极大的危害。

我一直重视儿子各方面的教育，而不是单纯地让他学习知识。他在儿童时代就是一个非常健康、精神饱满的少年。他有健康的身体、丰富的学识和修养，也有优良的道德品质。这些都是我希望他能做到的。

卡尔的母亲从他很小的时候就开始给他唱一些悦耳的歌谣，一边唱一边有节奏地摇晃或轻拍怀中的儿子。

卡尔的母亲说，儿子在吃奶时要听着歌儿才肯吃，不管多调皮，一听见歌声就变得安静了。只要她一唱歌，儿子就全神贯注地听，还想跟着学。如果在他面前跳舞，他更是高兴。

卡尔10个月时，他似乎有了艺术方面的感觉。

有一天，妻子兴奋地对我说："看咱们的小卡尔多么机灵啊！今天我抱着他哼了几句歌谣，他自己也有了感觉，虽然只是乱晃着胖胖的小手，但我敢肯定他是在跳舞，他是在跳舞。当我扶他站在镜子前时，他高兴得手舞足蹈起来。"

听到妻子讲的这些情况，我也暗自高兴。这种"跳舞"虽然只是一种模仿行为，但模仿也是一种能力，何况创造力的发展是从模仿开始的。这就需要成人随时鼓励，以增强孩子的兴趣和信心。

我认为，全身心地沉浸在艺术当中，尽情享受艺术的乐趣，是人生的一大幸福。

艺术最大的特点是它的抒情性和非功利性。我在教卡尔词汇的时候，不仅教那些明显有用的东西，也教他那些似乎没有用的东西。

我教会他认识了池塘水中的倒影、阳光下的阴影，他也很有兴趣地注视自己的手的影子，小手一翻一翻的，非常有乐趣。

这些可以帮助儿子扩大视野，扩展联想的范围，培养他丰富的情感。因为艺术在很大的程度上就是抒发人的某些感情。

我对培养儿子的爱好经过了精心的安排，我首先从我们的住宅开始做起。我在房间中，决不放置没有情趣和不协调的东西。墙上贴着让人心情舒畅的墙纸，并且在上面挂上经过精心挑选的有边框的画。而且尽力让这些东西与我们的身份相称。

如果有人赠送的礼物与我们的家具陈设不谐调，我决不会摆出来。在衣着上，我们全家人都非常注意朴素和雅致。不仅是我自己，我也要求家人衣帽整齐，打扮得干净利索。

我在住宅周围修建了雅致的花坛，栽上各种各样四季都有的花，而且都是些非常有情趣的花。

有一次，我看见卡尔一个人蹲在地上津津有味地做着什么。我没有惊动他，悄悄地走到了他的身后，原来他是在用一根小树枝在地面的泥沙上画画。我仔细看了看，发现那是一幅完整的画，天上有太阳和云朵，地上有树木和田野，田野间有几个农夫在种地。我之所以说它完整，是因为在画面中包含了很多的内容，而且构图完整，线条还颇有韵律感，完全不像一般孩子的那种涂鸦之作。

"卡尔，你喜欢画画吗？"我抚摸着他的头。

"是的，画画很有意思。"儿子回答着。

"可你为什么画画呢？"

"我也不知道，就是觉得这里的田野很美，就想把它画下来。"儿子说道。

"那你想不想当一个画家呢？"我问。

"我没有想过，可是画画太有意思了。我在画画的时候看见天上的云在不停地变幻。"

听儿子这样说，我心中暗暗欢喜。虽然我不一定要把儿子培养成艺术家，可是画画的确培养了他的观察力。

后来，我给他买了画笔和纸张，尽量给他提供这方面的条件。虽然儿子最终没有选择成为艺术家，我仍然将他小时候的那些画保存下来了，因为它们都是儿子孩提时代创造力的表现，也是他童年时期健康成长的纪念。

除了绘画外，我还培养儿子的文学爱好。我从小就给他讲一些有趣的故事，到他能够自己阅读之时，我把一些好的文学作品推荐给他。很小的时候，卡尔对文学知识非常精通，他几乎能背下所有的名诗，像荷马、维吉尔这样伟大诗人的作品，他都非常喜爱，并且很早就会写诗。

有人认为，我培养孩子绘画、音乐、文学方面的兴趣是想在人前炫耀，这是他们对我的误解。我从来不想把儿子培养成某一方面的天才，也从来没有过分地向别人炫耀他的才能。

我只是想让儿子能够成为一个全面发展的人，是想让他的一生都充满情趣和幸福，仅此而已。

情操教育必不可少

他不仅对同胞怀有深情，就是对鸟兽之类也富于怜悯心，最终成为一个能够得到别人尊敬和喜欢的人。

我不想把儿子培养成学识很高却冷漠无情的人，因为一个没有感情的人，就像一台冰冷的机器，无论他有多高的才华，也只不过仅仅充当机器的一块零件而已。不仅是人，就是动物也是有感情的。能否培养孩子丰富的感情直接关系到他将来的幸福。

很多父母为了发掘孩子的爱心，陶冶他们的感情，往往通过宗教活动和养小动物来教育他们热爱生命，热爱生活，借此培养孩子的责任心。这些做法是值得称赞的，我也是这样去教育卡尔的。

有些父母给了孩子很好的生活条件，让他们生活在优裕的环境中。由于没有注意培养孩子的爱心，让他们变得一切以自我为中心，对他人冷漠无情。

我认为，激发孩子的爱心及对社会的责任心极为重要，家庭应该承担这个责任。

我们知道，很多的家庭都养有猫、狗之类的小动物，大多数是用来调剂生活，培养孩子的爱心。我有意识地用对小动物的爱去启迪儿子的爱心，鼓励他帮助弱小。

卡尔3岁时，有一次家里来了好多人，他们和卡尔随意谈着。

这时，我们养的一条小狗跑了进来。卡尔像其他孩子那样，一把拽住小狗的尾巴，把它拉到自己身边。

　　我看到后，也做出样子要伸手揪住卡尔的头发，样子吓人。卡尔吃了一惊，把拽着狗尾巴的手放开了。

　　我问儿子："卡尔，你喜欢被人拽着头发吗?"

　　卡尔红着脸说："不喜欢。"

　　"狗也是这样的。"说完，我就让他到外面去了。

　　对儿子这种不合教育要求的做法，我总会严厉指正。

　　我之所以这样教育儿子，是为了让他能够站在他人的立场上来考虑问题。由于我严格的管教和指导，终于使卡尔成了一个心地善良、富于感情的人。他不仅对同胞怀有深情，就是对鸟兽之类也富于怜悯心，最终成为一个能够得到别人尊敬和喜欢的人。

第十五章

教有所成·我的儿子是幸福的

一起惊人的事件

卡尔不仅一一解答了兰特福先生提出的有关希腊历史和地理的问题，还成功解答了许多数学问题。在场的老师和学生们完全惊呆了，他们似乎不相信发生在眼前的事实，全都愣住了。

一次偶然的机会，我遇见了梅泽堡中学的教师琼斯·兰特福先生。他对教育卡尔的方法非常感兴趣。当时，他说要是每一个这样的孩子都能去学校访问，便可以激励那些在校念书的孩子们。兰特福先生于是让卡尔当着其他孩子的面接受一些考核，以便让那些学生真正折服。当然，主要的目的还是为了激发学生们的学习热情。

起初，我拒绝了兰特福先生的要求，因为这样会让卡尔骄傲自满。可是，在他的再三请求下，我答应了。但是，我让他答应别告诉卡尔这样做的目的，同时还要提前告诉学生，千万不要对卡尔说一些赞扬的话。一切都平常对待，不要对卡尔有不好的影响。

去学校之前，我告诉卡尔这只是一个普通的访问，主要是带他去看看其他孩子的学习状况。

到了学校，兰特福先生先带我们参观了教学设施，并向我介绍了该校的教学情况，然后把我们带进教室，让我们坐在后面。

兰特福先生是希腊语教师，这一堂课正好是他讲《波鲁塔克》。在他向学生们提问题时，没有人积极地回答，因为这些问题确实有一些难度。

于是，兰特福先生便请卡尔回答。卡尔很轻松地回答了问题，并且讲解得非常清楚，使学生们大为吃惊。

为了让学生们对卡尔有更深的认识，兰特福先生又把拉丁语版的《恺撒大帝》交给卡尔，并提问。卡尔仍然毫不费力地做了解答。接着，兰特福先生又拿出一本意大利文的书让卡尔读，他不仅读得流利而且发音极其标准。这样一来，学生们完全被卡尔的本领所征服。有些学生还不顾先前的约定鼓起掌来。

兰特福先生还想考考卡尔的法语，但是没有合适的书籍，便干脆用法语和卡尔对起话来。这也没有难住他，他就像说德语那样轻松地说法语，并回答了许多问题。

最后，卡尔不仅一一解答了兰特福先生提出的有关希腊历史和地理的问题，还成功解答了许多数学问题。在场的老师和学生们完全惊呆了，他们似乎不相信发生在眼前的事实，全都愣住了。

这是 1808 年 5 月发生的事，那一年卡尔才 7 岁零 10 个月。看到这种令人幸福的情景，我非常的激动，也不由自主地觉得骄傲。

1808 年 5 月 23 日，也就是卡尔接受兰特福先生考试的第三天，《汉堡通讯》对此事做了详细的报道，那份报纸至今我仍然保存着。报道的标题是《本地教育史上的一起惊人事件》，文章中这样写道：

> 这个名叫卡尔·威特的少年，是洛赫村牧师威特博士的儿子。虽然他具备如此丰富的知识和令人震惊的才华，但他并没有显得过分早熟，而且非常健康、活泼。他没有一点少年人常有的傲气，好像完全没有意识到自己的才华。
>
> 无论是精神上还是身体上，这个孩子的发展都是极其理想和完全的。据他父亲威特牧师说，这个少年的才能并非天生而完全出自合理的教育。
>
> 遗憾的是，谦虚的威特先生并没有对此详谈。

不久之后，各地的报纸都转载了这一报道。

　　于是，卡尔的名字顷刻之间轰动了整个德国。

　　由于卡尔成了所谓的"名人"，来拜访他的人便越来越多，其中还有许多知名的学者以及权威的教育专家。在对卡尔有所了解之后，这些人都佩服之至。

莱比锡大学的入学邀请

劳斯特博士还以私人的名义向莱比锡大学校长写了一封信，强调虽然卡尔的年龄只有 9 岁，但完全具备上大学的条件。并极力劝说校长不要以世俗之见拒绝卡尔入学，因为让卡尔进大学深造是非常必要的，这样做有利于学术的进步。

在我们的国家，自古以来人们都特别尊重学者。德国之所以能够繁荣昌盛，一个重要的原因就在于此。

由于卡尔的超人的学识，他顷刻间就名扬天下。莱比锡大学的一位教授和一位在本市很有势力的人物打算让卡尔进莱比锡大学学习，他们说服我让本市托马斯中学校长劳斯特博士对卡尔进行一次考核。

对于这样的考核，我感到有些为难，因为我教育儿子的本意只是想让他多掌握知识，并不想让他接受这样那样的考核。另一方面，我又担心他们乱出考题，对卡尔造成不利的影响。可是，经过交谈后，我发现劳斯特博士是一个深明事理的学者，为了卡尔能有一个美好的未来，我最终还是同意了他们的要求。

我仍然像以前一样向劳斯特博士提出要求，必须要让卡尔在没有觉察到是在考试的情况下接受考核。劳斯特博士非常理解我，同意按照我说的去做。于是，卡尔的这次考试完全是在正常交谈的气氛中进行的。

虽然考试方式没有通常那么正规，结果仍然令人满意。

时间是 1809 年 12 月 12 日。

考试过后，劳斯特博士就给卡尔写了入学证明书。内容是：

　　今天根据我的要求，对一个 9 岁的少年卡尔・威特进行了测验。

　　考希腊语时从《伊利亚特》中选了几段；考拉丁语时从《艾丽绮斯》中选了几段；考意大利语时从伽利略的著作中选了几段；考法语时在某一本书中选了几段。都是比较难理解的地方，但是卡尔却完成得很好。

　　他不仅语言学知识丰富，而且理解能力很强，具备各方面的渊博学识。这个令人赞佩的少年，听说是其父威特博士正确教育的结果。

劳斯特博士还以私人的名义向莱比锡大学校长写了一封信，强调虽然卡尔的年龄只有 9 岁，但完全具备上大学的条件。并极力劝说校长不要以世俗之见拒绝卡尔入学，因为让卡尔进大学深造是非常必要的，这样做有利于学术的进步。

劳斯特博士的证明书送到莱比锡大学后，校方同意他于第二年 1 月 18 日入学。

入学那天，我带着儿子去见了校长琼斯博士。琼斯博士非常高兴，和我交谈了许久。同一天，他向市里的权势人物发出一封信，内容如下：

　　洛赫村的牧师威特博士的儿子卡尔・威特，刚刚 9 岁就具备了十八九岁的青年们所不及的智力和学历。这是他父亲对他实行早期教育的结果。

　　由此可知，适当的早期教育可使儿童的能力发展到令人难以置信的程度。卡尔能熟练地翻译法语、意大利语、拉丁语、英语以及希腊语的诗歌和文章。最近他被很多学者考过，没有一个不为他的学识而惊叹。他还在国王面前接受过考试。

　　他具备人类有史以来在文学、历史和地理等方面所积累的十分丰富的知识。这些都是他父亲教育的结果。所以说他父亲的教育方法也一点不逊于其儿子的学识，令人惊叹。

说到这个令人钦佩的少年的身体状况，与其他许多神童不同，他非常健康、快活和天真，也没有一点其他神童所表现出来的傲慢和无礼，真是个难得的可贵少年。只要今后继续进行教育，其发展是不可估量的。

可是由于这个少年的父亲收入微薄，又家住农村，难以继续对他进行教育。卡尔过去是由他父亲教育的，今后的教育则是他父亲的能力无法做到的。

他父亲希望能全家都搬到城里，让少年住在自己身边并能上 3 年大学。由于他父亲是农村的一个穷牧师，不可能放弃牧师职务来到城里，所以我向诸位呼吁，只要威特博士每年有 4 个马克，就可以住到莱比锡，教育这个在大学里学习的可贵少年。为此特请诸位踊跃捐款，金额每年 4 马克，捐助 3 年。

这是最美的事业，我深信诸位是不愿意看见一个天才被埋没，并因此而受到谴责的。何况威特博士来本地也可以对其他孩子进行同样的教育，这对我们的教育亦有所帮助。

总之，这是一个美好的事业，望诸位踊跃参加。

琼斯校长的这封信引起了相当大的反响。虽然预定筹款是 4 个马克，但实际上达到了 8 个马克。不仅如此，为了让我能继续陪伴卡尔并教育他，当地政府还专门为我安排了份牧师职业的工作，把我调到了新的教区，并发给我双份的工资。

对于人们的友善和帮助，我真是感激不已。

国王亲召入哥廷根大学

陛下认为国内也有优秀的大学，没有必要前往外国，应在国内就学。并且不必接受外国的资助，在本年圣诞节之后的 3 年中，每年下赐 60 个马克，命令令郎上哥廷根大学学习。

为了得到国王的辞职许可，我带着儿子卡尔去了卡塞尔。这里要说清楚，以免误解。当时的国王不是普鲁士国王，而是维斯特伐利亚国王杰罗姆（拿破仑一世的弟弟）。

1807 年拿破仑一世在易北河西岸建立了维斯特伐利亚王国，他弟弟杰罗姆当了国王。从那以后，洛赫村和哈雷等地方就属于这个王国管辖，但政治上却由法国人和德国人统治。

我们到达卡塞尔时，碰巧国王外出访问去了。

于是，拉日斯特大臣接见了我们。他刚见到卡尔时，对他的才华持怀疑态度。但在一番交谈之后，他完全被卡尔征服。

记得那一天拉日斯特大臣考问了卡尔大约 3 个小时。他向卡尔提了许多问题，内容涉及哲学、文学、天文、地理、历史等诸多方面。对于这些问题，卡尔都作出了详尽而令人满意的解答。

最后，拉日斯特大臣终于确认卡尔是个名不虚传的人才。

他说："我们国家也有非常好的大学，为什么一定要把卡尔·威特先生送到国外去呢？"于是，拉日斯特大臣决定让我们父子不去莱比锡而留在国内。

第二天，拉日斯特设晚宴招待我们和政府的大臣们。在宴会上，这些人也考了卡尔，大家都感到非常满意。经过协商，他们决定请国王承担莱比锡市民们所承担的义务，让我们留在国内上哈雷大学或者哥廷根大学而不去莱比锡。但我以不能辜负莱比锡市民们的心意，因此拒绝了他们的邀请。由于没有得到国王的许可，我们只好闷闷不乐地在洛赫村等着。

7月29日，我们接到了维尔弗拉得大臣的来信，信中写道：

足下的辞意和令郎的非凡才学已经呈报国王陛下，热心于学事的陛下让我传达他的命令。准许足下在本年圣诞节之后辞去现职，待令郎大学毕业后再为足下划定从事牧师职业的区域。

陛下认为国内也有优秀的大学，没有必要前往外国，应在国内就学。并且不必接受外国的资助，在本年圣诞节之后的3年中，每年下赐60个马克，命令令郎上哥廷根大学学习。

我很荣幸能向您下达御令，也愿在令郎的教育上贡献力量。为迁往哥廷根，令从即日起到圣诞节的两个月时间可以做离职准备。

就这样，卡尔于同年秋天上了哥廷根大学，共学习了四年。

四年中他所学的学科是：第一学期是古代史和物理学；第二学期是数学和植物学；第三学期是应用数学和博学；第四学期是化学和解析学；第五学期是测量学、实验化学、矿物学和微积分；第六学期是实用几何学、光学、矿物学（继上学期）、法国文学；第七学期是政治史、古代史（第二轮）；第八学期是高等数学。此外，还有解析化学、伦理学、语言学等。

在学习过程中，开始我和他一起去学校，以便照顾他，因为卡尔年龄实在太小。

卡尔在大学里的学习生活是轻松愉快的。一般说来，一个10岁左右的少年和一些20岁左右的青年一起学习，一定是很紧张的，但实际上卡尔的学习并不紧张。

他可以尽情地游玩和参加运动，并常常去采集动植物标本。他会画画、弹琴，也会跳舞。除了上课外，一天也没有停止过对古典语言和近代语言的研究。

复活节假日一到，我就带儿子去旅行，这件事让人不解。他们以为我一定会利用这一周的假期帮助儿子复习功课，料想我们会天天去图书馆，我的朋友们也确实是这样劝我的，但我回答道："如果我是打算让儿子做一个让人观赏的玩物，我就那么干，可是我的目的不是要儿子充当展览品，我认为与学问相比，儿子的健康和见闻更加重要，况且儿子的学习时间已经很充沛了。"总之，他们都感到很惊奇。

儿子上大学期间，我仍然非常重视他的健康，不管刮风下雨都要卡尔把室外运动坚持下去。下雨天和雪天只是散步，在风雪交加的天气里人们常常可以看到我们父子二人在马路上散步。

第二年夏天，即第二学期末，国王杰罗姆驾临哥廷根大学视察。国王参观了校内的各个地方，最后到了植物园。

卡尔这个学期听植物学课，他和其他学生们一起都在植物园。国王的随从中有前面提到过的拉日斯特大臣，在植物园他一眼就认出了卡尔并向国王做了介绍。国王非常高兴，一定要和卡尔谈谈。于是侍从们就把卡尔叫到国王夫妇前，同时也允许我一起觐见。国王同我们谈了一席话，鼓励我的儿子今后要更加努力，表示要永远给予我们保护，希望卡尔安心学习。

我们从国王面前退下去后，随行的贵妇人们蜂拥而上，围着卡尔亲吻。然后由两个将军把卡尔拥在中间跟随国王之后，一直到把国王送上车。

这年，卡尔才八岁。

1812 年冬，即第五学期，卡尔 12 岁时公开发表了关于螺旋线的论文，受到了学者们的好评。由于在书中发表了他自己发明得非常简便的画曲线的工具，更加受到了国王及众人的赞赏。

在第七学期，他一边专心致志地学习政治史，又挤出时间写了三角术一书。当时他才 13 岁半。这本书在当时未能马上出版，是 1815 年他离开了哥廷根大学到了海得尔堡大学以后才出版的。

1813 年，我接到了国王的通知，通知上说把供给卡尔的学费延长到四年，并允许他到任何一个大学里去学习。这是由于原来拟定的供给学费三年的期限已满。

由于前一年拿破仑远征俄国失败，其势力逐渐衰落，十月莱比锡一战失败，维斯特伐利亚国便崩溃了。这时，维斯特伐利亚政府就把卡尔推荐给了汉诺威、布朗斯维克、黑森三国政府。

由于维斯特伐利亚政府中有一半官员是德国人，再加上处于战乱时期，每个国家都缺钱，凡是不急需的地方就禁止花钱。

尽管这样，三国政府还是接受了这一推荐，痛快答应负担卡尔的学费。可见当时人们是多么重视卡尔的才学，我也为此而感动，他在哥廷根大学的第八期的学费是由三国政府出的。

14 岁的博士

校长赫拉马莱博士授予他哲学博士学位，那是 1814 年 4 月 10 日的事。

第二年四月，卡尔去维茨拉尔旅行，并访问了吉森大学。该大学的哲学教授们欢迎他并一起讨论了学术上的各种问题，最后承认了他的学术水平（特别 1812 年公开发表的论文的价值），由校长赫拉马莱博士授予他哲学博士学位，那是 1814 年 4 月 10 日的事。

随后，卡尔又访问池马尔堡大学，同样受到了热烈欢迎。据说如果不是吉森大学抢了先的话，该大学也准备授予他哲学博士的称号。

由于在哥廷根大学第八期的学费是由汉诺威、布朗斯维克、黑森王国政府出的，当我们前去布朗斯维克领取学费时，当局就把我们介绍给了布朗斯维克公爵。当时公爵正巧要外出旅行，但他仍然高兴地接见了我们，谈了许多话，并热心地建议我们去美国留学。还表示只要我们愿意去，就把我们推荐给他国内的亲属并愿意出学费。

当我们由于同样的原因，去汉诺威时，卡尔被聘请做报告。因为卡尔在此之前曾于萨尔茨韦德尔做过数学的报告并受到了极大的好评。当问到要求讲什么时，对方仍然提出希望讲讲数学方面的问题。卡尔在接受了邀请的第二天，就在本地中学的大礼堂里做了讲演。

当时是 1814 年 5 月 3 日，他年仅 14 岁。

参加的听众里，集中了市内所有的知识分子。我的儿子用漂亮的德语讲得既流畅又清晰。由于他连日来忙于交际，每天很晚才能休息，根本无暇准备。又因为他休息得很晚，有人就产生了怀疑，绕到卡尔后面想看看他是不是有底稿。当这位猎奇者看到卡尔没有底稿后，就更加惊异了。

卡尔也注意到了这一点，为了解除听众的怀疑，他特意离开讲桌，这时听众们更是报以热烈的掌声。

当卡尔在热烈的喝彩声中结束讲演后，政府承认了他的才学，并向他提供了比承担的份额还要多的学费。

肯布里基公爵也和布朗斯维克公爵一样，建议卡尔去英国留学，并答应给予推荐和留学费。

去黑森时，我们也同样受到了热烈欢迎，常被邀请到宫中。

儿子从哥廷根大学毕业后，我就在考虑他今后的出路。

我想，如果想让卡尔早日成名，最好的选择就是让卡尔钻研迄今为止所获得的学问的某个领域。但经过慎重考虑，我放弃了这条捷径。我认为这样做只能使卡尔成为侧重于某一个领域的学者。

为了让卡尔学到更多的知识，我决定让卡尔去学法学。有位数学教授得知此事后深表遗憾。他问我为什么做这样的决定。

我告诉这位数学教授："决定专业方向应该是 18 岁以后的事，在那之前应该学习所有的学问。等到 18 岁以后，如果卡尔喜欢数学的话，那就让他研究数学。"

这以后，儿子就上了海得尔堡大学专攻法学，成绩仍然十分优异，备受老师和同学的喜爱。

健康而快乐的天才

没有比品尝真理的滋味更为幸福的了，享受到真理的幸福是永生难忘的。

有的人问我，卡尔所受的教育和取得的成就，是早期教育的成果，但受到这样的教育，他的健康是否受到了影响呢？

这的确是一个重要的问题。其实卡尔不仅在小时候，就是长大后也一直是非常健康的。

诗人海涅在写给威兰的信中写道，在卡尔 10 岁时，他曾考过卡尔。当时他不仅为卡尔的非凡语言学才华而诧异，也为他的健康、天真的活泼、身体上和精神上的过人之处而惊讶。

也可能有人会认为，卡尔受到的教育一定是只坐在书桌旁啃书，从而使天真的少年时代在毫无乐趣之中度过，事实并不是这样的。

我非常欣赏德来登在一首诗中写的那句话：没有比品尝真理的滋味更为幸福的了，享受到真理的幸福是永生难忘的。

我认为，从小就享受到真理滋味的儿子，比任何一个儿童都要幸福。而且，正如前面已经叙述的，由于我对他的合理教育，儿子单纯坐在桌旁专心致志地学习的时间是很少的，他有着充足的时间尽情游戏和运动。

卡尔从小就通晓事理，知道很多其他儿童所不知道的事，而且对每件事都有成熟的看法，所以孩子们和他一块玩时都感到愉快。他的知识是其他儿童望尘莫及的，但他一点也不骄傲，也决不因此看不起其他孩子。

不仅如此，由于和卡尔一块儿玩，孩子们总是感到亲切、愉快，都喜欢跟他玩。即使有的孩子无理取闹，他也会圆满处理，决不同他们争吵。

自古以来人们就说"学者必痴"，但我的儿子卡尔无论在小时候还是长大以后都不是乏味的书呆子，而总是让人感到愉快。

在他的脉搏里自小就流淌着文学的血液，他不仅从小就精通自古以来的文学作品，而且很早就写出了优秀的诗歌和文章。

我认为，卡尔具有普通人和作为学者的完美人格。同时，我也为自己能够成功地教育儿子而感到骄傲。

后记　献给我的朋友们

　　卡尔取得如此巨大的成功，我作为父亲非常骄傲，但我更高兴的是我的教育观念被证明是行之有效的，而不是像有些人说的那样纯粹是异想天开。

　　也许大家认为，这本书是作为教育家的参考资料而写的。其实不然，因为教育家们敌视我，所以为他们写参考资料是没用的。不，我这本书就是为你们写的，为所有关心孩子教育的人写的。我想大家知道，除了时下流行的教育方式，还有其他更有效的方法。

　　我一向认为，如果教育得法，大多数孩子都会成为非凡的人才。我的儿子能有今天，都是我教育的结果，我知道人们不停怪罪其他教育家为什么不把孩子也教育成像卡尔那样的人，这种责怪是不合理的。我想尽量阐明这种看法为什么不合理，可是无济于事。因为教育家被说成无能的原因在我，教育家们敌视我也是不奇怪的。看过全文的人会了解本书的内容实际上说明了一点：倘若家庭教育不好，无论经多么优秀的教育家认真进行教育，也不会有好的效果。从这一点来讲，我并不是他们的敌人。

　　尽管如此，愿意认可我的教育学说的人依然很多。让我感到欣慰的是，毕竟还有人是我的知音，裴斯泰洛齐是众人当中第一个承认我的教育方法的人。当人们还用怀疑的眼光看待我的教育方法时，他已经鼓励我说："你的教育法必定成功！"最近他又劝我公开我的教育方法，还有巴黎大学的朱利安教授也这样劝我。在此，顺便把裴斯泰洛齐先生给我的信公开如下：

　　我曾记得 14 年前，在布夫塞同你谈过教育问题。当时，你说你要用你的特别教育法非常有效地去教育你的孩子。而在 14 年后的今天，我看到你儿子受到的教育效果比你预想的还要好。

但是，不了解情况的人也可能怀疑这是你教育的结果，或许认为这是你儿子的天赋所致。在这种情况下，希望你详细发表你的教育方法，证明用你的教育方法会让所有的孩子都得到好处。这是一件极为有益的事，请你务必考虑。

你的最卑微的仆人和朋友：裴斯泰洛齐
1814 年 9 月 4 日于伊凡尔顿

在他们的再三劝说下，我把此书公之于众。所以，这本书我要首先献给我的朋友们，感谢他们对我的关心。此外，我还要感谢所有曾给过我们父子帮助的人士、劳斯特博士、居恩博士、莱比锡的好心市民们、杰罗姆国王陛下、布朗斯维克公爵、肯布里基公爵等等，感谢他们无私的善意帮助，我也将这本书献给他们。

老卡尔·威特
1818 年 12 月 20 日于哥廷根